कंप्युटर ऑपरेटर और प्रोग्रामिंग असिस्टंट COPA हिंन्दी MCQ

मनोज डोळे

डिजिटाइजेशन समय की मांग है। भविष्य में, प्रशिक्षण को अधिक सुविधाजनक और आसान बनाने के लिए ऑनलाइन इंटरनेट का उपयोग करके औद्योगिक प्रशिक्षण संस्थानों में प्रशिक्षण आयोजित करने की आवश्यकता होगी। एमसीक्यू प्रश्नों के एक सेट वाली ई-पुस्तकें प्रशिक्षुओं को उपलब्ध कराई जाएंगी क्योंकि उन्हें अपने औद्योगिक प्रशिक्षण संस्थानों में होने वाली ऑनलाइन परीक्षाओं की तैयारी के लिए बहुविकल्पीय प्रश्नों एमसीक्यू के अधिक आदी होने की आवश्यकता है।

इन सब बातों को ध्यान में रखते हुए औद्योगिक प्रशिक्षण संस्थान सतारा के प्रशिक्षक श्री मनोज मधुकर डोले ने नई वार्षिक प्रणाली और एनएसक्यूएफ-5 पाठ्यक्रम के अनुसार पुस्तकें लिखी हैं। और उन्होंने प्रशिक्षण को आसान बनाने के लिए सैद्धांतिक मोबाइल ऐप और ब्लॉग बनाए हैं, और इन सभी शैक्षिक सामग्री को विश्व प्रसिद्ध वेबसाइटों Google Play Store, Amazon और Apple Book Store पर डाउनलोड के लिए उपलब्ध कराया है।

पुस्तकों का प्रकाशन माननीय सहसंचालक श्री राजेंद्र घुमे साहेब प्रादेशिक व्यावसायिक शिक्षण व प्रशिक्षण कार्यालय, पुणे द्वारा दिनांक 9/1/2019 को किया गया, इस समय श्री प्रकाश सहगवकर साहब प्राचार्य शासकीय औद्योगिक प्रशिक्षण संस्थान औंध पुणे, श्री तुकाराम मिसाल साहेब प्राचार्य सरकार प्र. संस्था सतारा, श्री सचिन धूमल साहब जिला व्यावसायिक शिक्षा एवं प्रशिक्षण अधिकारी सतारा, श्री यतिन परगांवकर साहब प्राचार्य शासन. Q. संस्था कोल्हापुर, श्री विकास टेक साहब इंस्पेक्टर वोकेशनल एजुकेशन एंड ट्रेनिंग रीजनल ऑफिस पुणे, पालेकर फूड्स प्रोडक्ट्स प्रा. लि. सतारा के उद्यमी अध्यक्ष श्री नीलकंठराव पालेकर साहब, हीरा फूड्स के अध्यक्ष श्री इब्राहिम बाबा तंबोली साहब, श्रीमती शाल्मली पवार मुख्याध्यापिका शासकीय तकनीकी विद्यालय केंद्र सतारा सहित अन्य गणमान्य व्यक्ति इस अवसर पर उपस्थित थे।

क्रम-सूची

प्रस्तावना

कंप्युटर ऑपरेटर और प्रोग्रामिंग असिस्टंट COPA हिंदी MCQ आईटीआई और इंजीनियरिंग पाठ्यक्रम कंप्यूटर ऑपरेटर और प्रोग्रामिंग सहायक , संशोधित एनएसक्यूएफ पाठ्यक्रम के लिए एक सरल बुक है, इसमें रेखांकित और बोल्ड सही उत्तरों के साथ वस्तुनिष्ठ प्रश्न शामिल हैं एमसीक्यू सभी विषयों को कवर करता है जिसमें सुरक्षा के बारे में नवीनतम और महत्वपूर्ण सभी शामिल हैं और पर्यावरण, अग्निशामक यंत्रों का उपयोग। व्यापार उपकरण, कंप्यूटर बाह्य उपकरणों, आंतरिक घटकों, बुनियादी डॉस कमांड, विंडोज और लिनक्स इंटरफेस और इसके संबंधित सॉफ्टवेयर इंस्टॉलेशन की पहचान करता है। एमएस ऑफिस वर्ड डॉक्यूमेंट, एक्सेल शीट और पावर प्वाइंट प्रेजेंटेशन, एमएस एक्सेस के साथ डेटाबेस। एक संगठन की नेटवर्क प्रणाली। HTML का उपयोग करते हुए इंटरनेट ब्राउज़र बेसिक स्टैटिक वेबपेज। एक पंजीकृत डोमेन में जावास्क्रिप्ट और गतिशील वेबपेज और होस्टिंग तकनीक। वीबीए एमएस एक्सेल में विभिन्न प्रकार के मैक्रोज़ बनाने और संपादित करने के लिए और वीबीए का उपयोग करके उपयोगकर्ता फॉर्म विकसित करने के लिए। लेखांकन सॉफ्टवेयर टैली। ई-कॉमर्स सिस्टम और ई-कॉमर्स वेबसाइट। साइबर अपराध साइबर सुरक्षा अवधारणा द्वारा इंटरनेट से सुरक्षित जानकारी।

हम प्रत्येक नए संस्करण के साथ नए प्रश्न उत्तर जोड़ते हैं। किसी भी त्रुटि/चूक के मामले में कृपया हमें ईमेल करें। यह यकीनन सभी इंजीनियरिंग बहुविकल्पीय प्रश्नों और उत्तरों के लिए सबसे बड़ी और सर्वश्रेष्ठ ई-बुक है।

एक छात्र के रूप में आप इसे अपनी परीक्षा की तैयारी के लिए उपयोग कर सकते हैं। यह ई-पुस्तक प्रोफेसरों के लिए सामग्री को ताज़ा करने के लिए भी उपयोगी है।

भूमिका

डीजीईटी नई दिल्ली और सीएसटीएआरआई कोलकाता अगस्त 2018 सत्र से आईटीआई में सभी व्यवसायों के लिए एक वार्षिक पैटर्न लागू कर रहे हैं। परीक्षा प्रणाली में भी बदलाव किया जाएगा और यह इस साल से ऑनलाइन हो जाएगी और चूंकि सभी प्रश्न वस्तुनिष्ठ प्रकार (एमसीक्यू) के हैं, इसलिए प्रशिक्षुओं को गहन अध्ययन की सख्त जरूरत है। इसे ध्यान में रखते हुए हमें पुराने NIMI पैटर्न पर आधारित पुस्तकें और नए वार्षिक पैटर्न का संपूर्ण अवलोकन प्रस्तुत करते हुए प्रसन्नता हो रही है, और हम आशा करते हैं कि ये पुस्तकें सभी व्यावसायिक निदेशकों और प्रशिक्षुओं के लिए एक मार्गदर्शक होंगी। है।

इन पुस्तकों को लिखने के लिए आईटीआई अकलुज के प्राचार्य जोहर अवाटे साहब ने कहा। आईटीआई सतारा सहगवकर साहब के पूर्व प्राचार्य, सहायक निदेशक श्री चंद्रकांत ढेकने साहेब क्षेत्रीय व्यावसायिक शिक्षा एवं प्रशिक्षण कार्यालय, पुणे, जिला व्यावसायिक शिक्षा एवं प्रशिक्षण अधिकारी सचिन धूमल साहेब एवं प्रधानाध्यापक शासकीय तकनीकी विद्यालय केन्द्र शाल्मली पवार मैडम एवं पुत्र अधिराज डोले, माता कुसुम डोले , मैं अपने पिता मधुकर डोले और पत्नी अश्विनी डोले को समय-समय पर उनके विशेष मार्गदर्शन और सहयोग के लिए बहुत आभारी हूं।

साथ ही, बहुत ही कम समय में श्री राजेन्द्र घुमे साहेब, संयुक्त निदेशक, व्यावसायिक शिक्षा और प्रशिक्षण क्षेत्रीय कार्यालय, पुणे द्वारा पुस्तक के प्रकाशन में उनके अमूल्य समय के लिए पुस्तक की समीक्षा की गई। मैं उनकी प्रतिक्रिया के लिए हृदय से आभारी हूँ।

पुस्तक लिखने की शुरुआत से ही निरंतर समर्थन के लिए मैं आईटीआई सतारा के प्रशिक्षक का आभारी हूं।

इस पुस्तक से, मैं खुद को धन्य मानता हूं कि मैंने आपके साथ ई-लर्निंग पर अपने विचार साझा किए। मैं यह दावा नहीं करूंगा कि यह पुस्तक पूर्ण है, क्योंकि पूर्णता को देखते हुए यह पुस्तक एक प्रयास है और अपनी शैशवावस्था में है। यदि उनका परीक्षण और सुझाव दिया जाए तो वे सुधार के लिए मूल्यवान होंगे।

मनोज डोले
दिनांक 9/1/2019

पावती (स्वीकृति)

21वीं सदी में औद्योगिक क्षेत्र में तेजी से बढ़ती मांग के अनुरूप बहु-कुशल कारीगरों की आपूर्ति के लिए व्यावसायिक शिक्षा और प्रशिक्षण विभाग के माध्यम से व्यावसायिक शिक्षा और प्रशिक्षण विभाग के माध्यम से व्यावसायिक शिक्षा और प्रशिक्षण प्रदान किया जाता है। संस्थानों के भीतर सभी व्यवसाय महत्वपूर्ण हैं, क्योंकि इन व्यवसायों के प्रशिक्षु उद्योग की मांगों के अनुसार बहु-कौशल विकसित करते हैं।

सभी व्यवसायों के लिए उपयुक्त एमसीक्यू ई-पुस्तकें उपलब्ध कराने के नेक इरादे से, यह देखते हुए कि औद्योगिक क्षेत्र के सभी उद्योगों में सभी परीक्षाएं ऑनलाइन आयोजित की जाती हैं और इसमें एमसीक्यू पद्धति के प्रश्न शामिल होते हैं। श्री मनोज मधुकर डोले ने नए वार्षिक पाठ्यक्रम के अनुसार एमसीक्यू पद्धति पर एक बहुत अच्छी ई-बुक लिखी है। यह ई-पुस्तक निश्चित रूप से सभी प्रशिक्षुओं, प्रशिक्षु उम्मीदवारों, प्रशिक्षण प्रशिक्षकों और अन्य संबंधितों के लिए एक मार्गदर्शक होगी।

पुस्तक के लेखक श्री मनोज मधुकर डोले, इंस्ट्रक्टर गॉव आईटीआई सतारा को 17 साल का प्रशिक्षण अनुभव है। एक नए वार्षिक पैटर्न के रूप में लिखी गई, यह ई-बुक प्रत्येक विषय के लिए लेआउट, सरल भाषा और सरल सिंटैक्स, आरेख और वीडियो को समझने के लिए आधुनिक डिजिटल क्यूआर कोड तकनीक को शामिल करती है। इसलिए मुझे विश्वास है कि यह ई-पुस्तक निश्चित रूप से गहन अध्ययन और परीक्षा अभ्यास के लिए उपयोगी होगी। उन्होंने जो कार्य किया है वह निश्चित रूप से काबिले तारीफ है।

श्री तुकाराम मिसाल
प्राचार्य शासकीय औद्योगिक प्रशिक्षण संस्था सातारा.

आमुख

हमारे औद्योगिक प्रशिक्षण संस्थानों की औद्योगिक प्रशिक्षण और सैद्धांतिक परीक्षा प्रणाली और इन परिवर्तनों को शिल्प प्रशिक्षकों और प्रशिक्षुओं द्वारा स्वीकार किया गया है। आपके औद्योगिक प्रशिक्षण संस्थानों में आयोजित सैद्धांतिक परीक्षाएं भी ऑनलाइन आयोजित की जाती हैं। चूंकि ये परीक्षाएं बहुविकल्पीय एमसीक्यू पद्धति की हैं, इसलिए प्रशिक्षुओं को ऐसे प्रश्नों का अधिक अभ्यास करने की आवश्यकता होगी।

इन सब बातों को ध्यान में रखते हुए श्री मनोज मधुकर, निदेशक, डोले क्राफ्ट्स, कटारी औद्योगिक प्रशिक्षण संस्थान, सतारा, ने नई वार्षिक प्रणाली और NSQF-5 के अनुसार, गहन अध्ययन किया है और अपनी मेहनत से और अपनी गहरी बुद्धि को जोड़ा है। पाठ्यक्रम, कटारी और अन्य मशीन ट्रेडों की ई-बुक। -बुक) और उन्होंने प्रशिक्षण को आसान बनाने के लिए सैद्धांतिक विषयों पर मोबाइल ऐप और ब्लॉग बनाए हैं और इन सभी शैक्षिक सामग्री को विश्व प्रसिद्ध वेबसाइटों Google Play Store, Amazon और Apple Book Store पर डाउनलोड के लिए उपलब्ध कराया है। प्रिंट संस्करण बनाकर और क्यूआर कोड जैसी उन्नत तकनीकों का उपयोग करके प्रशिक्षण को आसान बना दिया गया है।

ये सभी शैक्षिक सामग्री निश्चित रूप से सभी प्रशिक्षुओं के लिए गहन अध्ययन के लिए और शिल्प प्रशिक्षकों और अन्य संबंधितों के लिए एक मार्गदर्शक होगी जो व्यावसायिक प्रशिक्षण प्रदान कर रहे हैं।

1

कंप्युटर ऑपरेटर और प्रोग्रामिंग असिस्टंट COPA हिंन्दी MCQ Drawing

Online Test Exam
ITI Books
CNC Course
AutoCAD CAM
JOB & Apprentice
Online Theory
Computer Course
Trading Course
Web Designing
MSCIT Course
Shopping Business
Internet Business
Remotasks Course
Online Services
Top Sportsmans
Indian Army
Freedom Fighters
Top Scientists
Social Reformers
Motivational Speaker
Top Richest People
Join WhatsApp Group
Join Facebook Group
Like Facebook Page
PAN / Adhar / Licence Passport

ई-पुस्तक प्रकाशन

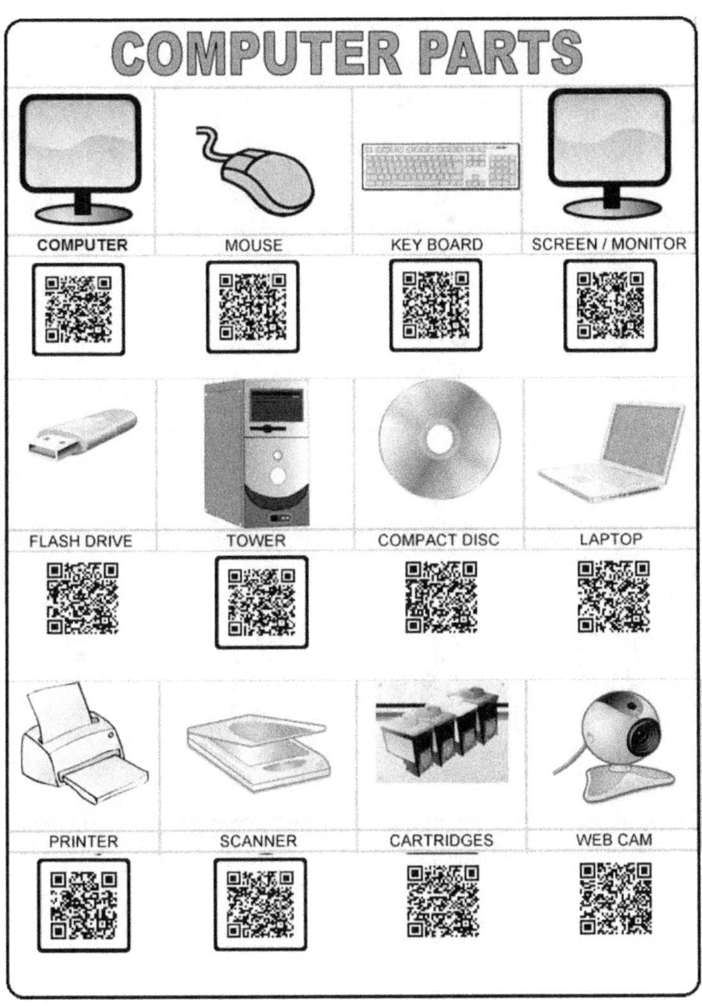

COMPUTER PARTS
COMPUTER
MOUSE
KEY BOARD
SCREEN / MONITOR
FLASH DRIVE
TOWER
COMPACT DISC
LAPTOP
PRINTER
SCANNER
CARTRIDGES
WEB CAM

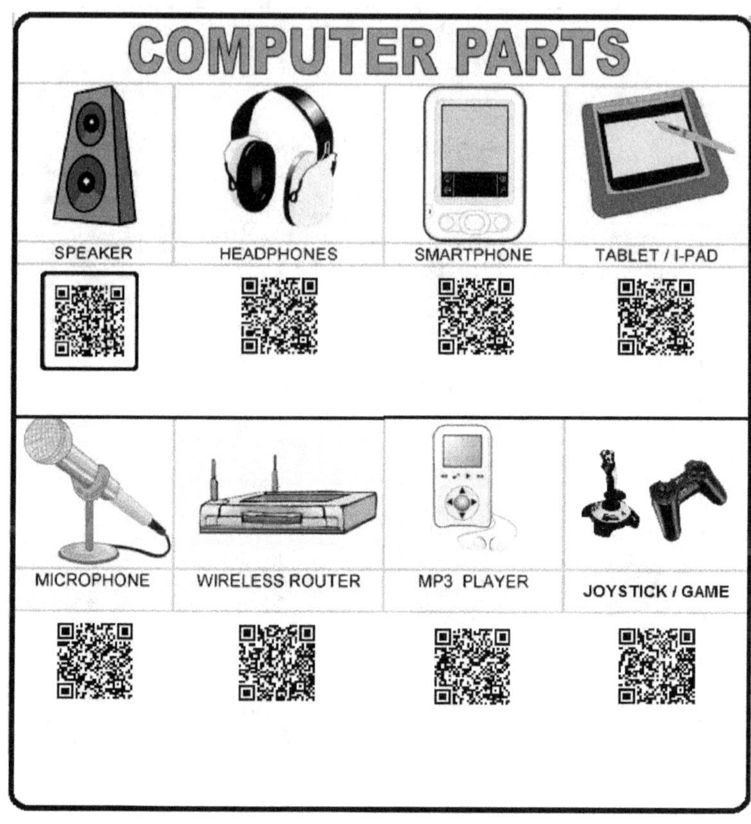

COMPUTER PARTS
SPEAKER
HEADPHONES
SMARTPHONE
TABLET / I-PAD
MICROPHONE
WIRELESS ROUTER
MP3 PLAYER
JOYSTICK / GAME

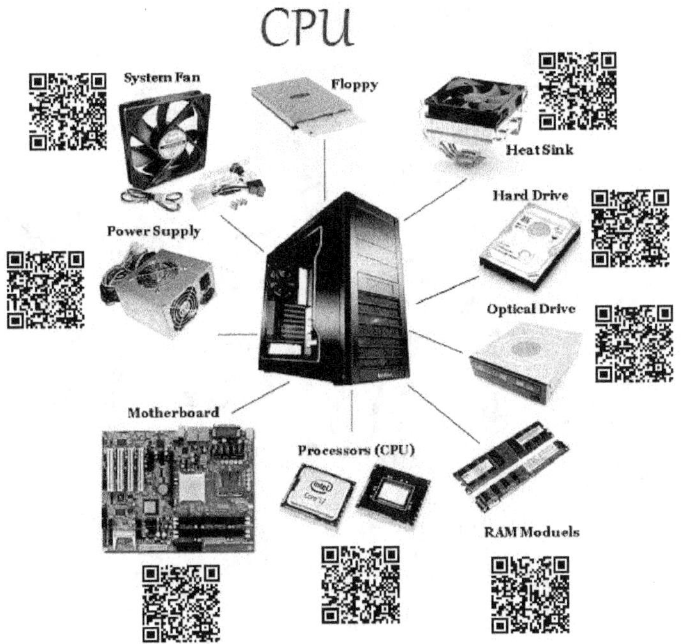

Computer CPU
Hardware Components

Matheeboad
Heatsink and Fan
Memory
Power Supply
CPU
Vodeo Card
Dvd Burner
Motherboard
Hard Drive
Motherboard
Hardware Components

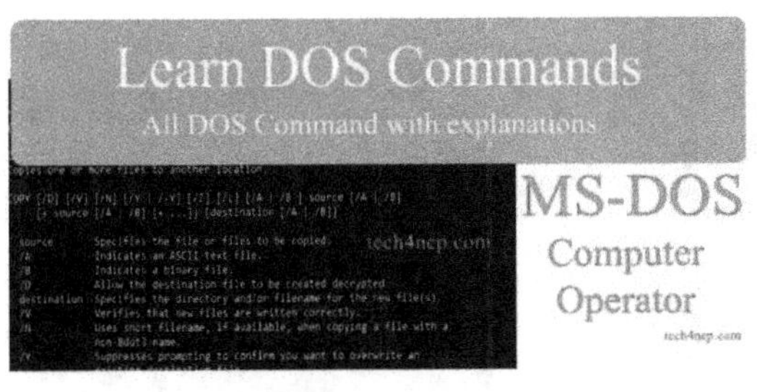

Excel Basic Functions

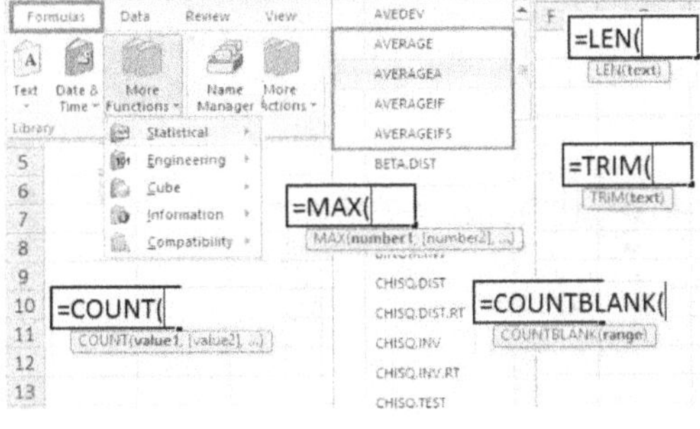

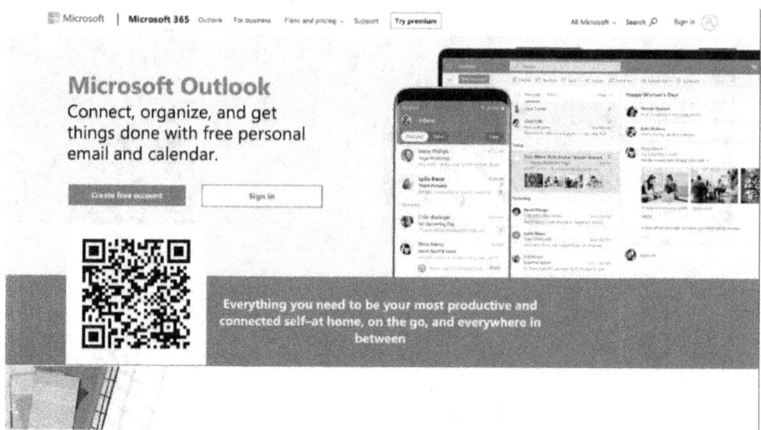

Microsoft
Microsoft 365
Try premium
Sign in
Microsoft Outlook
Connect, organize, and get things done with free personal email and calendar.
Create free account
Sign in
Everything you need to be your most productive and connected self—at home, on the go, and everywhere in between

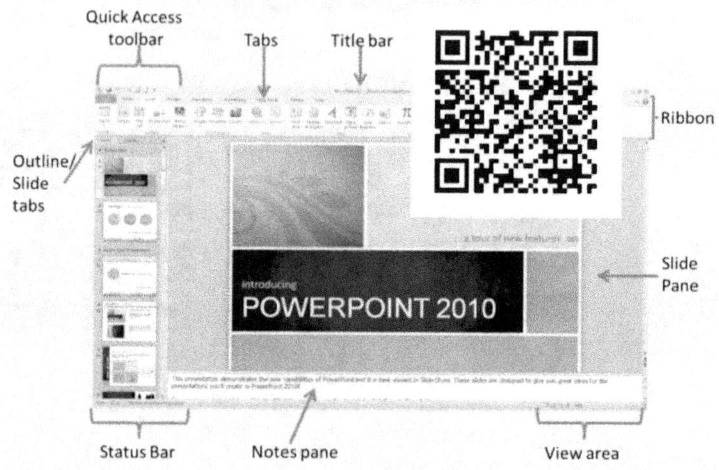

Quick Access toolbar
Tabs
Title bar
Ribbon
Outline/ Slide tabs
Slide Pane
introducing
POWERPOINT 2010
Status Bar
Notes pane
View area

MS Paint

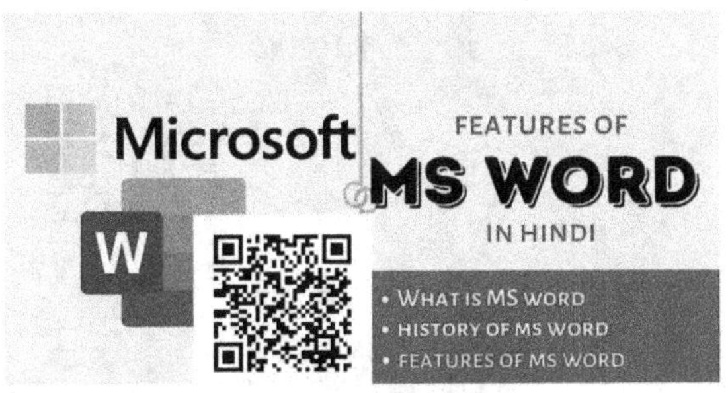

Microsoft
W
FEATURES OF
MS WORD
IN HINDI
• WHAT IS MS WORD
• HISTORY OF MS WORD
• FEATURES OF MS WORD

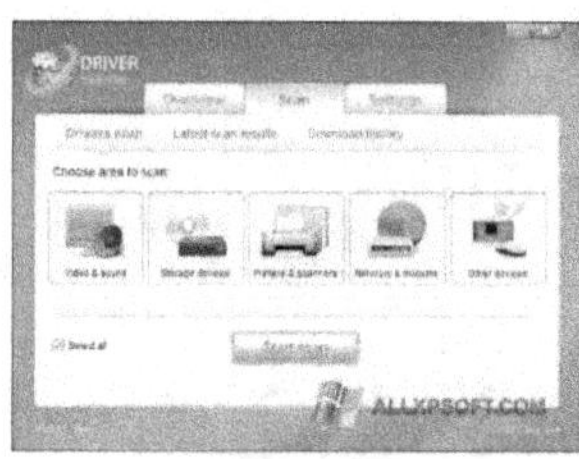

Top Linux OS

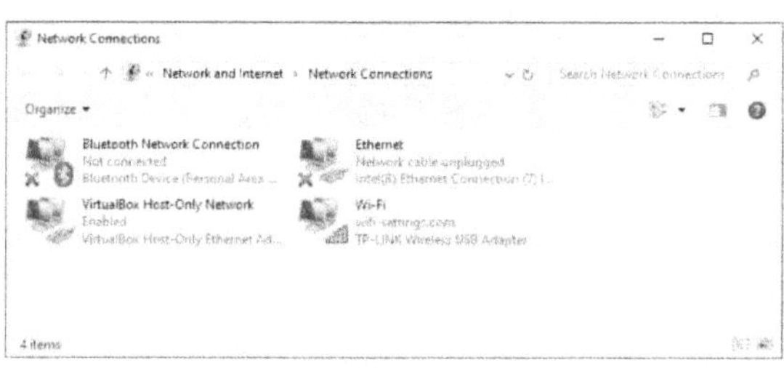

Software Installation

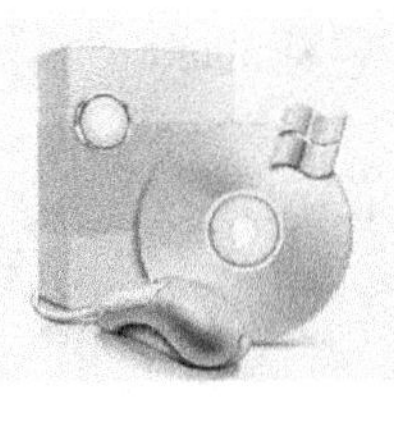

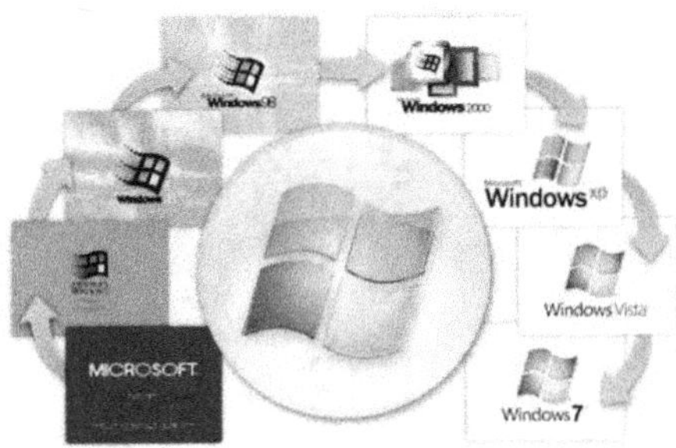

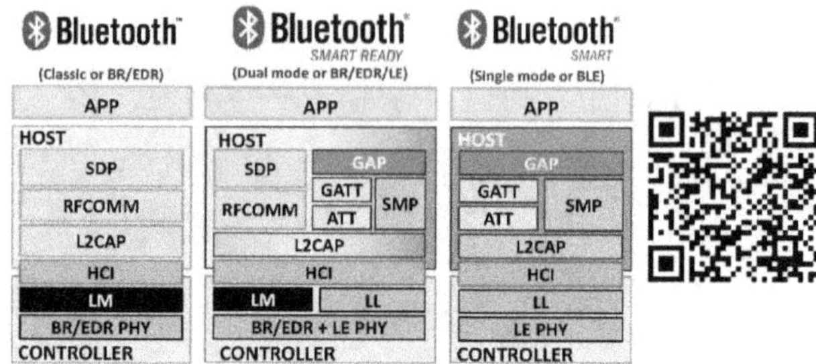
Bluetooth
(Classic or BR/EDR)
APP
HOST
SDP
RFCOMM
L2CAP
HCI
LM
BR/EDR PHY
CONTROLLER
Bluetooth
SMART READY
(Dual mode or BR/EDR/LE)
APP
HOST
SDP
GAP
GATT
ATT
SMP
RFCOMM
L2CAP
HCI
LM
LL
BR/EDR + LE PHY
CONTROLLER
Bluetooth
SMART
(Single mode or BLE)
APP
HOST
GAP
GATT
ATT
SMP
L2CAP
HCI
LL
LE PHY
CONTROLLER

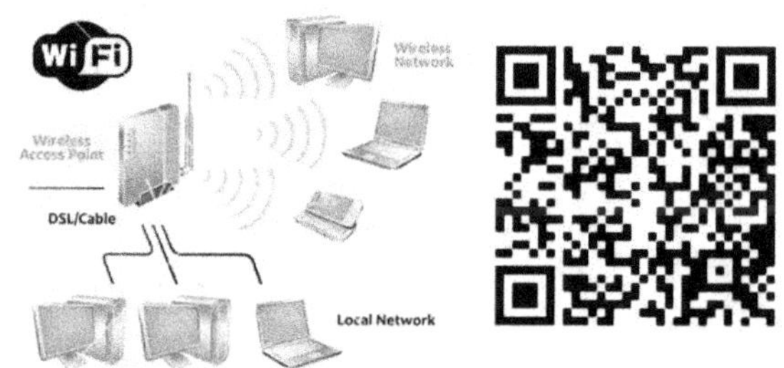
Wi Fi
Wireless
Network
Wireless
Access Point
DSL/Cable
Local Network

What is a Browser - Definition and Types

What is
Email?

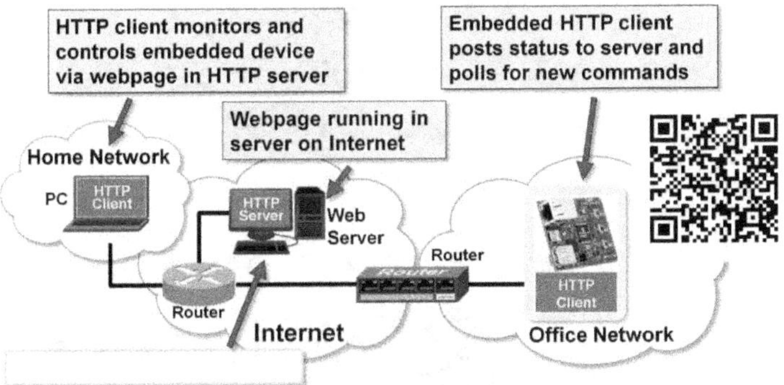

HTTP client monitors and controls embedded device via webpage in HTTP server
Embedded HTTP client posts status to server and polls for new commands
Webpage running in server on Internet
Home Network
PC
HTTP Client
HTTP Server
Web Server
Router
Router
Internet
HTTP Client
Office Network

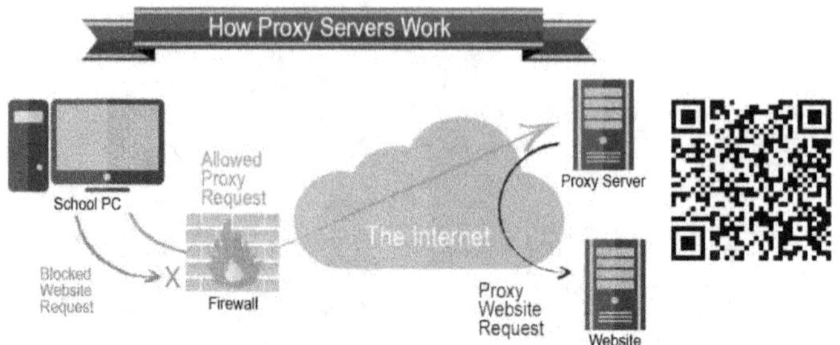
How Proxy Servers Work
School PC
Allowed Proxy Request
Blocked Website Request
Firewall
The Internet
Proxy Server
Proxy Website Request
Website

What is WWW?

Full HTML & CSS Website
World's Biggest University

Domain-Name-System

Domain-Name-System

Design Web Page in HTML
WELCOME TO OUR SITE
JS
Top Uses Of
JavaScript

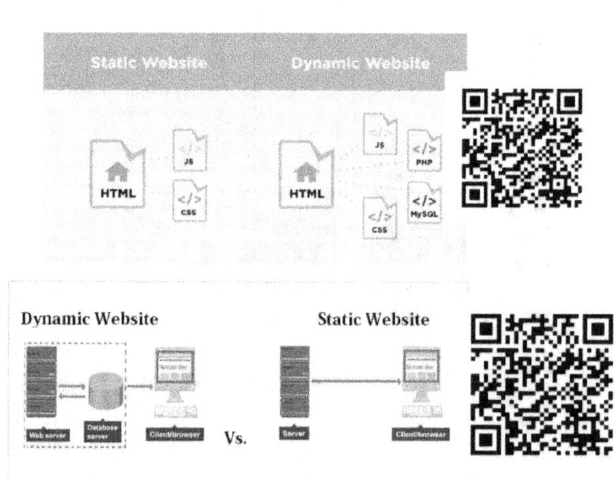
Static Website
Dynamic Website
JS
HTML
</>
CSS
HTML
JS
</>
PHP
</>
CSS
</>
MySQL
Dynamic Website
Static Website
Web server
Database server
Client/Browser
Server
Client/Browser
Vs.

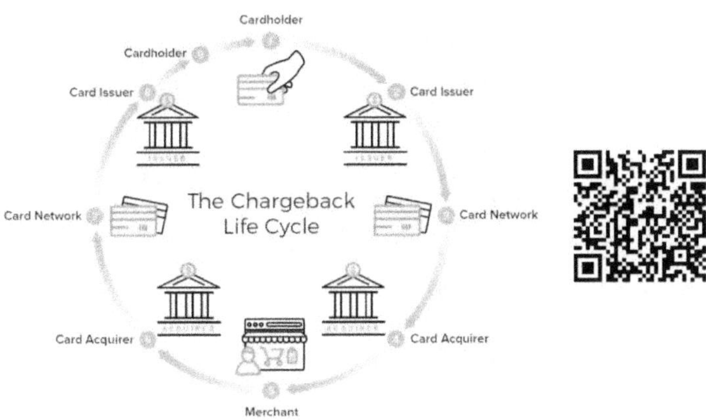

Cardholder
Cardholder
Card Issuer
Card Issuer
The Chargeback
Life Cycle
Card Network
Card Network
Card Acquirer
Card Acquirer
Merchant

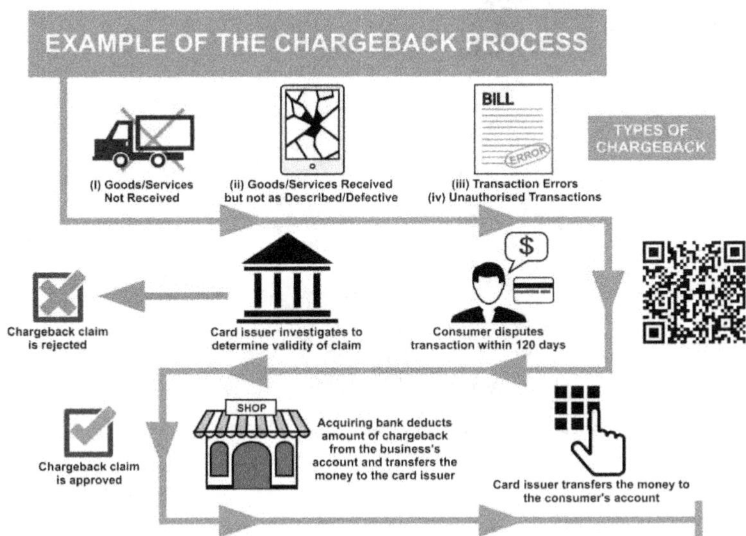

EXAMPLE OF THE CHARGEBACK PROCESS
BILL
ERROR
(I) Goods/Services
Not Received
(ii) Goods/Services Received
but not as Described/Defective
(iii) Transaction Errors
(iv) Unauthorised Transactions
TYPES OF
CHARGEBACK
Chargeback claim
is rejected
Card issuer investigates to
determine validity of claim
Consumer disputes
transaction within 120 days
Chargeback claim
is approved
SHOP
Acquiring bank deducts
amount of chargeback
from the business's
account and transfers the
money to the card issuer
Card issuer transfers the money to
the consumer's account

TYPES OF
E-COMMERCE
BY PRODUCTS
• Physical goods
• Digital goods
• Services
• Affiliates
BY
REVENUE MODEL
• Wholesaling
• White labeling
• Drop-shipping
• Subscription
Model
BY
BUSINESS MODEL
• B2B
• B2C
• C2B
• C2C

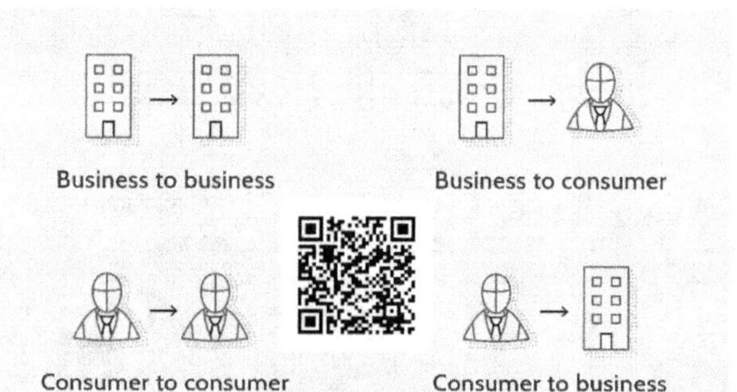

Business to business
Business to consumer
Consumer to consumer
Consumer to business

Payment & Order Processing

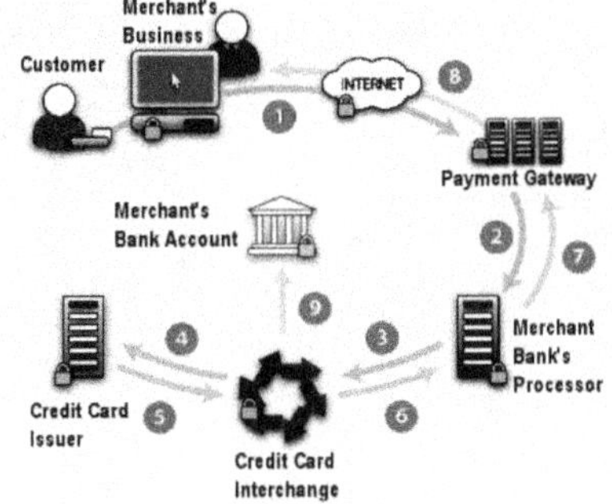

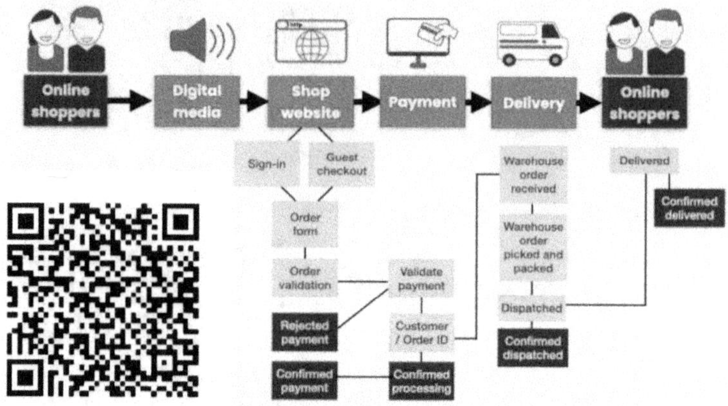
Order to delivery : ideal experience
Online shoppers
Digital media
Shop website
Payment
Delivery
Online shoppers
Sign-in
Guest checkout
Order form
Order validation
Validate payment
Rejected payment
Customer / Order ID
Confirmed payment
Confirmed processing
Warehouse order received
Warehouse order picked and packed
Dispatched
Confirmed dispatched
Delivered
Confirmed delivered

Top 8 Best Payment Gateways for Your Online Store
PayPal
Razorpay
stripe
Braintree
authorize net
Paytm
instamojo
CC Avenue
PAYMENTS
$200

How payment gateways help you accept and send payments:

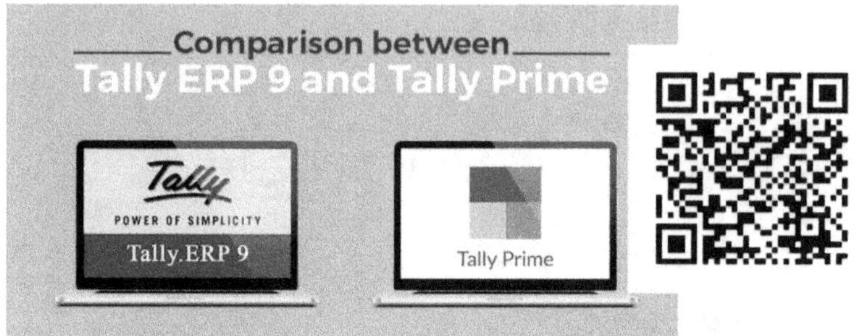
Comparison between
Tally ERP 9 and Tally Prime
Tally
POWER OF SIMPLICITY
Tally.ERP 9
Tally Prime

Social
Networking
Sites
SOCIAL MEDIA
MARKETING

CYBER SECURITY

2

कंप्युटर ऑपरेटर और प्रोग्रामिंग असिस्टंट COPA हिंन्दी MCQ

एबीसी का मतलब --------------

   ए] स्वचालित श्वास नियंत्रण

   बी] स्वचालित रक्त नियंत्रण

   सी] वायुमार्गश्वासपरिसंचरण

   डी] स्वचालित रक्त परिसंचरण

अग्निशामक: आग

3] "क्लास बी" की आग को बुझाने के लिए किस प्रकार के अग्निशामक यंत्र का उपयोग किया जाता है ....

   ए] शुष्कशक्ति

   बी] कार्बन डाइऑक्साइड

   सी] पानी की जेट

   डी] फोम प्रकार

4] सामान्य आग को बुझाने के लिए किस प्रकार के अग्निशामक यंत्र का उपयोग किया जाता है?

ए] जलप्रकारबुझानेवाला

बी] फोम प्रकार बुझाने वाला

सी] शुष्क रासायनिक पाउडर एक्सटिंगुइशर

डी] कार्बन डाइऑक्साइड (C02] बुझाने वाला)

5] रक्तस्राव के मामले में, उपचार करें .

डी] ठंडा 3" और आराम

ए] ठंडेपानीकाछिड़कावकरें

बी] तुरंत पट्टी -----।

बी] दुर्घटना विचार उपचार के बारे में पूछताछ

safety   workshop safety

6] दुर्घटना की स्थिति में पीड़ित को

ए] आराम करने के लिए कहा

सी] तुरंतभागलिया

डी] उसे छोड़ दो

7] प्राथमिक उपचार किसी घायल या बीमार व्यक्ति को प्राथमिक रूप से दिया जाता है....

ए] जीवन बचाओ

बी] मफ की और गिरावट को रोकें

सी] सर्वोत्तम संभव आराम दें

डी] येसभी

प्रश्न 1. निम्नलिखित में से कौन स्मृति की सबसे बड़ी इकाई है?

ए] गीगाबाइट।

बी] बाइट्स।

सी] मेगाबाइट्स।

डी] किलोबाइट्स।

प्रश्न 2. सॉफ्टवेयर का प्राथमिक उद्देश्य डेटा को चालू करना है।

एक वेबसाइट।

बी] सूचना।

सी] कार्यक्रम।

डी] ऑब्जेक्ट्स।

प्रश्न 3. जीयूआई के लिए खड़ा है

ए] ग्राफिकलयूज़रइंटरफेस।

बी] ग्रेटर यूजर इंटरफेस।

सी] ग्राफिकल यूनियन इंटरफेस।

डी] ग्राफिकल यूजर इंटरेस्ट।

प्रश्न 4. की-बोर्ड की जिन पर तीर होता है, कहलाती है -

ए] फ़ंक्शन कुंजियाँ।

बी] नेविगेशनकुंजियाँ।

सी] टाइपराइटर कुंजी।

डी] विशेष प्रयोजन कुंजी।

प्रश्न 5. ASSCII, EBCDIC और यूनिकोड एप्लीकेशन सॉफ्टवेयर के उदाहरण हैं

सत्य।

बी] झूठा।

प्रश्न 6. विंडोज़ ऑपरेटिंग सिस्टम में स्क्रीन के किसी भी हिस्से को एक्सेस करने का सबसे आसान तरीका है।

कुंजीपटल।

बी] चूहा।

सी] चूहा।

डी]] जॉयस्टिक।

प्रश्न 7. एक सॉफ्टवेयर को a . भी कहा जाता है

एक प्रक्रिया।

बी] डेटा।

सी] कार्यक्रम।

डी] सूचना।

प्रश्न 8. मूल फ़ाइलें क्षतिग्रस्त या खो जाने की स्थिति में बैक प्रोग्राम उपयोग की जाने वाली फ़ाइलों की प्रतिलिपियाँ बनाते हैं।

ए] सत्य।

बी] झूठा।

प्र.9. माइक्रोप्रोसेसर को अक्सर CPU कहा जाता है

ए] सत्य।

बी] झूठा।

प्र.10. यूटिलिटी हार्ड डिस्क पर अनावश्यक फाइलों की पहचान करती है और यूजर कमांड के आधार पर उन्हें मिटा देती है।

एक बैकअप।

बी] फ़ाइल संपीड़न।

सी] प्रोग्राम अनइंस्टॉल करें।

डी]] डिस्ककीसफाई।

प्रश्न 11. इस प्रकार का सॉफ़्टवेयर आपको अधिक उत्पादक कार्यों में मदद करने के लिए डिज़ाइन किया गया है, और लगभग हर डिस्क लाइव और व्यवसाय में व्यापक रूप से उपयोग किया जाता है।

ए] संचार सॉफ्टवेयर।

बी] उपयोगिता सॉफ्टवेयर।

सी] बेसिकएप्लीकेशनसॉफ्टवेयर।

डी] सिस्टम सॉफ्टवेयर।

प्रश्न 12. मिनी कंप्यूटर के रूप में भी जाना जाता है।

ए] मिडरेंजकंप्यूटर।

बी] पर्सनल डिजिटल कंप्यूटर।

सी] मेनफ्रेम कंप्यूटर।

डी] लैपटॉप कंप्यूटर।

प्रश्न 13. कंप्यूटर पर फास्ट गेम खेलने के लिए निम्न में से किस डिवाइस का उपयोग किया जाता है।

ए] सतह को स्पर्श करें।

बी] टच स्क्रीन.2

सी] ट्रैक बॉल।

डी] जॉयस्टिक।

प्रश्न 14. निम्नलिखित में से किसे पोर्टेबल कंप्यूटर नहीं माना जाएगा।

ए] डेस्कटॉपकंप्यूटर।

बी] नोट बुक कंप्यूटर।

सी] व्यक्तिगत डिजिटल सहायक।

डी] इनमें से कोई नहीं।

प्र.15. हेडफोन एक विशिष्ट आउटपुट डिवाइस है।

ए] सच।

बी] झूठा।

प्रश्न 16. अनइंस्टॉल प्रोग्राम कंप्यूटर में इंस्टॉल किए गए अवांछित प्रोग्राम को हटाने में हमारी मदद करते हैं।

ए] सच।

बी] झूठा।

प्रश्न 17. स्टोरेज डिवाइस की क्षमता को आमतौर पर बाइट्स के रूप में मापा जाता है।

ए] सच।

बी] झूठा।

प्रश्न 18. स्टोरेज डिवाइस की क्षमता को आमतौर पर मीटर के रूप में मापा जाता है।

सत्य।

बी] झूठा।

Q.19............ एक पॉइंटिंग डिवाइस है।

ए] माउस।

बी] प्रिंटर।

सी] स्कैनर।

डी] कीबोर्ड।

प्र.20. F1, F2 वगैरह लेबल वाली की-बोर्ड कीज को ....

ए] फ़ंक्शनकुंजियां।

बी] संख्यात्मक कुंजी।

सी] टाइपराइटर कुंजी।

डी] विशेष प्रयोजन कुंजी।

प्रश्न 21. कैप्स लॉक जैसी कुंजीपटल कुंजियाँ जो सुविधाओं को चालू या बंद करती हैं, कहलाती हैं।

ए] फ़ंक्शन कुंजियाँ।

बी] संयोजन कुंजी।

सी] कुंजियाँटॉगलकरें।

डी] विशेष प्रयोजन कुंजी।

प्रश्न 22. वर्ड प्रोसेसिंग, इलेक्ट्रॉनिक स्प्रेड शीट, डेटाबेस मैनेजर और ग्राफिक्स प्रोग्राम सभी को शीर्षक के तहत समूहीकृत किया जाता है।

ए] ब्राउजिंग प्रोग्राम।

बी] ऑपरेटिंग सिस्टम।

सी] एप्लीकेशनसॉफ्टवेयर।

डी] डेटा और सूचना।

प्रश्न 23. कीबोर्ड, माउस, मॉनिटर और सिस्टम यूनिट को सामूहिक रूप से के रूप में भी जाना जाता है

ए] ठोस बर्तन।

बी] सॉफ्टवेयर।

सी] <u>हार्डवेयर।</u>

डी] फर्म वेयर।

प्रश्न 24. मॉनिटर स्क्रीन पर इमेज के आउटपुट को अक्सर सॉफ्ट कॉपी कहा जाता है।

ए] <u>सच</u>।

बी] झूठा।

प्र.25. बाइनरी नंबरिंग सिस्टम में प्रत्येक 0 और 1 को बिट कहा जाता है।

ए] <u>सच</u>।

बी] झूठा।

प्रश्न 26. कैच मेमोरी का उपयोग रैम से सबसे अधिक बार एक्सेस की गई जानकारी को स्टोर करने के लिए किया जाता है।

ए] <u>सच</u>।

बी] झूठा।

प्रश्न 27. सिस्टम बोर्ड को मुख्य बोर्ड या मदर बोर्ड के रूप में भी जाना जाता है।

ए] <u>सच</u>।

बी] झूठा।

प्रश्न 28. ASSCII, EBCDIC और यूनिकोड बाइनरी कोडिंग स्कीम हैं।

ए] <u>सच</u>।

बी] झूठा।

प्रश्न 29. की-बोर्ड पर 0-9 लेबल वाली कीज कहलाती हैं।

ए] फ़ंक्शन कुंजियाँ।

बी] <u>संख्यात्मककुंजी।</u>

सी] टाइपराइटर कुंजी।

डी] विशेष प्रयोजन कुंजी।

प्रश्न 30. सीडी रोम का मतलब कॉम्पैक्ट डिस्क रीड ओनली मेमोरी है।

ए] <u>सच</u>।

बी] झूठा।

प्रश्न 31. .... में चरण-दर-चरण परिचय होता है जो कंप्यूटर को कार्य को पूरा करने का तरीका बताता है।

ए] <u>कार्यक्रम।</u>

बी] हार्डवेयर।

सी] डेटा।

डी] ऑब्जेक्ट्स।

प्रश्न 32. सीडी-आर का मतलब सीडी-रिकॉर्डेबल है।

ए] <u>सत्य।</u>

बी] झूठा।

Q.33....... एक बैकग्राउंड सॉफ्टवेयर है जो कंप्यूटर को उसके आंतरिक संसाधनों का प्रबंधन करने में मदद करता है।

ए] सिस्टमसॉफ्टवेयर।

बी] सूचना।

सी] ऑब्जेक्ट्स।

डी] इनमें से कोई नहीं।

प्रश्न 34. प्रिंटर का उपयोग करके प्राप्त छवि के आउटपुट को हार्ड कॉपी कहा जाता है।

ए] सत्य।

बी] झूठा।

प्रश्न 35. फ़ाइल संपीड़न प्रोग्राम निम्नलिखित हैं, EXCEPT

ए] ज़िप जीतो।

बी] छापेमारी

सी] आरएआर जीतो।

डी] पीके ज़िप।

प्रश्न 36. डिस्क पर एक ट्रैक कई गोलाकार रिंग क्षेत्रों में से एक है जहां डेटा चुंबकीय रूप से लिखा जाता है।

ए] सत्य।

बी] झूठा।

प्रश्न 37. फ्लॉपी डिस्क रिमूवेबल स्टोरेज मीडिया हैं।

ए] सत्य।

बी] झूठा।

प्रश्न 38. जिन कीबोर्ड कुंजियों पर तीर होते हैं, उन्हें कहा जाता है।

ए] फ़ंक्शन कुंजियाँ।

बी] संयोजन कुंजी।

सी] नेविगेशनकुंजियाँ

डी] विशेष प्रयोजन कुंजी।

प्रश्न 39. माइक्रोप्रोसेसर को अक्सर सीपीयू कहा जाता है।

ए] सच।

बी] झूठा।

प्र.40. आठ बिट एक काट बनाते हैं।

ए] सत्य।

बी] झूठा।

प्रश्न 41. मॉनिटर स्क्रीन पर इमेज के आउटपुट को अक्सर हार्ड कॉपी कहा जाता है।

ए] सत्य।

बी] झूठा।

Q.42........... ग्राफिकल ऑब्जेक्ट हैं जिनका उपयोग आमतौर पर उपयोग किए जाने वाले एप्लिकेशन को दर्शाने और खोलने के लिए किया जाता है।

ए] जीयूआई।

बी] प्राइमर'।

सी] विंडोज एनटी।

डी] प्रतीक।

प्रश्न 43. CD-ROM का अर्थ है CD-RW।

सत्य।

बी] असत्य।

प्रश्न 44. RAM में संग्रहीत डेटा है

ए] गैर-वाष्पशील है।

बी] बिजलीचालूहोनेपरहीवहांहै।

सी] बिजली बंद होने के कुछ मिनट बाद ही रहता है।

डी] स्थायी है और केवल बिजली की विफलता में खो गया है।

प्रश्न 45. CD-R,CD-क्षेत्रीय के लिए खड़ा है।

सत्य।

बी] असत्य।

प्रश्न 46. मॉनिटर का प्राथमिक कार्य उपयोगकर्ता को सूचना प्रदर्शित करना है।

ए] सत्य।

बी] झूठा।

प्रश्न 47. रैंडम एक्सेस मेमोरी] रैम। है .... स्मृति का प्रकार है।

एक स्थायी।

बी] अस्थायी।

सी] फ्लैश।

डी] स्मार्ट।

Q.48 कंप्यूटर की बाहरी मेमोरी मदरबोर्ड पर स्लॉट के रूप में मौजूद होती है।

ए] असत्य।

बी] सच।

Q.49 कंप्यूटर की इंटरनल मेमोरी मदरबोर्ड पर चिप्स के रूप में मौजूद होती है

ए] सच।

बी] झूठा।

Q.50 कैश मेमोरी का उपयोग रैम से सबसे अधिक बार एक्सेस की गई जानकारी को स्टोर करने के लिए किया जाता है।

ए] सत्य।

बी] झूठा।

प्रश्न 1. "सिस्टम दिनांक" और "सिस्टम समय" कंप्यूटर की आंतरिक घड़ी द्वारा अनुरक्षित दिनांक और समय हैं।

ए] सच

बी] झूठा

प्रश्न 2. डिस्क क्लीनअप का उपयोग आपकी फ़ाइलों को पुनर्व्यवस्थित करने के लिए किया जाता है ताकि वे टूट न जाएं।

सत्य

बी] झूठा

प्रश्न 3. Window Vista में एक फोल्डर सिस्टम को "Directory System" भी कहा जाता है।

ए] सच

बी] झूठा

प्रश्न 4. "आरटीएफ" का अर्थ है "रिच टेक्स्ट फॉर्मेट"

ए] सच

बी] झूठा

प्रश्न 5. विंडोज विस्टा का उपयोग कैसे करें, समस्या निवारण जानकारी प्राप्त करने, समर्थन प्राप्त करने आदि के बारे में जानने के लिए आप .... पर क्लिक कर सकते हैं।

एक खोज"

बी] "विंडोज"

सी] "शुरू"

डी] "सहायताऔरसमर्थन"

प्रश्न 6. एमएस पेंट में घुमावदार रेखा खींचने के लिए, हमें .... आइकन पर क्लिक करना होता है।

ए] "वक्र"

बी] "लाइन"

सी] "बहुभुज"

डी] "आयत"

प्रश्न 7. .... का अर्थ है मुद्रित किए जाने वाले वर्णों की ऊंचाई और चौड़ाई।

ए] "फ़ॉन्टआकार"

बी] "सीमा"

सी] "सेल"

डी] "फ़ॉन्ट शैली"

प्रश्न 8. एक बटन है जो "टाइटल बार" पर मौजूद नहीं है।

ए] छोटा करें

बी] प्रारंभ

सी] अधिकतम करें

डी] बंद करें

प्र.9. डिस्क डीफ़्रेग्मेंटर का उपयोग आपकी हार्ड डिस्क पर अनावश्यक फ़ाइलों को हटाने के लिए किया जाता है ताकि स्थान खाली हो सके और आपका कंप्यूटर तेज़ी से चल सके।

सत्य

बी] झूठा

प्र.10. अपने चित्र का आकार बदलने के लिए, मेनू से "छवि विशेषताएँ" चुनें।

ए] सच

बी] झूठा

प्रश्न 11. कैलकुलेटर एप्लिकेशन शुरू करने के लिए "स्टार्ट" पर क्लिक करें और "ऑल प्रोग्राम एक्सेसरीज कैलकुलेटर" चुनें।

ए] सच

बी] झूठा

प्रश्न 12. .... का उपयोग बड़े और जटिल टेक्स्ट दस्तावेज़ बनाने और प्रारूपित करने के लिए किया जा सकता है।

कैलकुलेटर"

बी] "वर्डपैड"

सी] "नोटपैड"

डी] "टेक्स्ट पैड"

प्रश्न 13. नोटपैड एक बुनियादी पाठ संपादक है जिसका उपयोग साधारण दस्तावेज़ बनाने के लिए किया जा सकता है।

ए] सच

बी] झूठा

प्रश्न 14. एक फोल्डर सिस्टम को "................" भी कहा जाता है।

ए] "दिशा प्रणाली"

बी] "निर्देशिकाप्रणाली"

सी] "निर्देशिका सूची"

डी] "फोल्डर बुक"

प्र.15. किसी फ़ोल्डर के भीतर एक फ़ोल्डर को "फ़ोल्डर सूची" के रूप में जाना जाता है।

सत्य

बी] झूठा

प्रश्न 17. A........... एक कंटेनर की तरह है जिसमें आप फाइलों को स्टोर कर सकते हैं।

ए] "आइकन"

बी] "दस्तावेज़"

सी] "फ़ोल्डर"

डी] "शीट"

प्रश्न 18. ऑपरेटिंग सिस्टम का काम है .... से

ए] कई उपयोगी कमांड आसानी से निष्पादित करें।

बी] एक परिभाषित एप्लिकेशन प्रोग्राम इंटरफ़ेस के माध्यम से सेवा के लिए अनुरोध करने के लिए।

सी] कंप्यूटरकोसबसेमौलिकस्तरपरनियंत्रितकरनेकेलिए।

डी] इनमें से कोई नहीं।

प्र.19. विंडोज़ इंटरफ़ेस .... पर आधारित है।

ए] "ग्राफिकलयूज़रइंटरफेस" याजीयूआई

बी] एप्लीकेशन प्रोग्राम इंटरफेस या] एपीआई।

सी] "क्लिपबोर्ड"

डी] इनमें से कोई नहीं

प्र.20. फ़ाइल के नाम में दो भाग होते हैं, फ़ाइल का नाम और उप फ़ाइल नाम।

सत्य

बी] झूठा

प्रश्न 21. किसी विशेष फ़ाइल के स्थान को शीघ्रता से एक्सेस करने के लिए, आप फ़ाइल के लिए एक शॉर्टकट आइकन बनाते हैं और उसे डेस्कटॉप पर रखते हैं।

ए] सच

बी] झूठा

प्रश्न 22. विंडोज विस्टा में विंडोज़ साइडबार में मिनी प्रोग्राम होते हैं जिन्हें गैजेट्स कहा जाता है।

ए] सच

बी] झूठा

प्रश्न 23. नोटपैड का उपयोग करके बनाई गई फ़ाइल को एक्सटेंशन के साथ संग्रहीत किया जाता है ....

ए] ".txt"

बी] ".docx"

सी] ".पीएनजी"

डी] ".जेपीजी"

प्रश्न 24. विंडोज़ विस्टा में दो प्रकार के "खोजकर्ता" समर्थित हैं: नियमित खोज त्वरित खोज।

ए] <u>सच</u>

बी] झूठा

प्र.25. जब आपका कंप्यूटर बूट हो जाता है और उपयोग के लिए तैयार हो जाता है, तो जो स्क्रीन आप देखते हैं उसे ....

ए] "टेबल टॉप"

बी] <u>"डेस्कटॉप"</u>

सी] "लैपटॉप"

डी] इनमें से कोई नहीं

प्रश्न 26. "कंप्यूटर" एक ऐसा एप्लिकेशन है जो हैंडहेल्ड कैलकुलेटर के समान कार्य करता है।

सत्य

बी] <u>झूठा</u>

प्रश्न 27. .... को स्पाई वेयर को रोकने और हटाने के लिए डिज़ाइन किया गया है।

ए] उपयोगकर्ता खाता नियंत्रण

बी] विंडोज फ़ायरवॉल

सी] <u>विंडोजडिफेंडर</u>

डी] माता-पिता का नियंत्रण

प्रश्न 28. क्लिपबोर्ड विंडोज विस्टा प्रोग्राम में उपलब्ध नहीं है।

सत्य

बी] <u>झूठा</u>

प्रश्न 29. "विंडोज एयरो" क्या है

ए] यह विंडोज एक्सपी के लिए ग्राफिकल यूजर इंटरफेस है।

बी] <u>यहविंडोजविस्टाकेलिएग्राफिकलयूजरइंटरफेसहै।</u>

सी] आवेदन कार्यक्रम

डी] इनमें से कोई नहीं

प्रश्न 30. कंप्यूटर का मूल प्रोग्राम कौन सा है?

ए] <u>ऑपरेटिंगसिस्टम</u>

बी] सॉफ्टवेयर प्रोग्राम

सी] आवेदन कार्यक्रम

डी] इनमें से कोई नहीं

प्रश्न 31. जैसे ही आप टाइप करते हैं, टेक्स्ट स्वचालित रूप से अगली पंक्ति में चला जाता है जो मार्जिन के दाहिने छोर तक पहुंचता है। इस सुविधा को "वर्ड रैप" कहा जाता है।

ए] <u>सच</u>

बी] झूठा

प्रश्न 32. "लॉग ऑफ" एक बिजली की बचत करने वाला राज्य है।

सत्य

बी] झूठा

प्रश्न 33। विंडोज़ विस्टा में, आप अपनी स्क्रीन के विभिन्न क्षेत्रों में एक साथ कई प्रोग्राम चलते हुए देख सकते हैं।

ए] <u>सच</u>

बी] झूठा

प्रश्न 34. दस्तावेज़ में प्रस्तुत सामग्री की उपस्थिति को बढ़ाने के लिए .... मेनू का उपयोग किया जाता है।

ए] "इन्सर्ट"

बी] "संपादित करें "

सी] <u>"प्रारूप"</u>

डी] "फाइल"

प्रश्न 35. पेंट ऑब्जेक्ट में टेक्स्ट जोड़ने के लिए "टेक्स्ट" टूल का उपयोग किया जाता है।

ए] <u>सच</u>

बी] झूठा

प्रश्न 36. "............" आपके कंप्यूटर को दुर्भावनापूर्ण सॉफ़्टवेयर से बचाने में मदद करता है।

ए] <u>"विंडोजफ़ायरवॉल"</u>

बी] "विंडोज डिफेंडर"

सी] "स्पाई वेयर"

डी] इनमें से।

प्रश्न 37. .... एक मूल पाठ संपादन प्रोग्राम है और इसका उपयोग आमतौर पर पाठ फ़ाइलों को देखने या संपादित करने के लिए किया जाता है।

कैलकुलेटर"

बी] <u>"नोटपैड"</u>

सी] "पता पुस्तिका"

डी] "पेंट"

प्रश्न 38. विंडोज़ ऑपरेटिंग सिस्टम में स्क्रीन सेवर

A] आपके कंप्यूटर को कई प्रकार के दुर्भावनापूर्ण सॉफ़्टवेयर से बचाने में मदद करता है।

बी] एक लंबा, लंबवत बार है जो आपके डेस्कटॉप के किनारे प्रदर्शित होता है।

सी] एकप्रोग्रामहैजोएकनिश्चितअवधिकेलिएइनपुटप्राप्तहोनेकेबादकंप्यूटरपरछवि, एनीमेशन, यासिर्फएकखालीस्क्रीनपरप्रदर्शितहोताहै।

डी] इनमें से कोई नहीं।

प्रश्न 39. विंडोज विस्टा की विशेषताएं आपके पीसी को वस्तुतः कभी भी और कहीं भी उपयोग करना आसान, सुरक्षित और अधिक मनोरंजक बनाती हैं।

ए] सच

बी] झूठा

प्र.40. विंडोज विस्टा में .... के प्रोग्राम वहीं रहते हैं और उन्हें शुरू करने के लिए क्लिक करने के लिए हमेशा उपलब्ध होते हैं।

ए] "सबसे अधिक बार उपयोग किए जाने वाले कार्यक्रमों की सूची।

बी] "पिनकिएगएआइटमसूची"

सी] "दस्तावेज़"

डी] "कंट्रोल पैनल"

प्रश्न 41. विंडोज विस्टा में .... एक बिजली की बचत करने वाला राज्य है।

ए] लॉग ऑफ

बी] नींद

सी] पुनरारंभ करें

डी] लॉक

प्रश्न 42. AERO .... का संक्षिप्त रूप है।

ए] प्रामाणिक, ऊर्जावान, चिंतनशीलऔरखुला।

बी] आवश्यक, चिंतनशील और खुला।

सी] अंकगणित, आवश्यक, प्रतिबिंबित और वस्तु।

डी] प्रामाणिक, आवश्यक, चिंतनशील और खुला।

प्रश्न 43. स्क्रीन के निचले भाग में, आप एक लंबी, पतली पट्टी देख सकते हैं, जिसे .... कहा जाता है।

ए] "टास्कबार"

बी] "टाइटल बार"

सी] "मेनू बार"

डी] "स्पेसबार"

प्रश्न 44. विंडोज विस्टा में एक "क्लिपबोर्ड" ....

ए] एक आवेदन कार्यक्रम

बी] <u>जानकारीकेलिएएकअस्थायीभंडारणक्षेत्रजिसेआपनेएकस्थानसेकॉपी या स्थानांतरितकियाहैऔरकहींऔरउपयोगकरनेकीयोजनाहै।</u>

सी] एक ऑपरेटिंग सिस्टम।

डी] इनमें से कोई नहीं।

प्रश्न 45. .... एक मूल पाठ संपादन प्रोग्राम है और इसका उपयोग आमतौर पर पाठ फ़ाइलों को देखने या संपादित करने के लिए किया जाता है।

कैलकुलेटर"

बी] <u>"नोटपैड"</u>

सी] "पता पुस्तिका"

डी] "पेंट"

प्रश्न 46. ...., एक ड्राइंग प्रोग्राम है जिसका उपयोग संशोधित ग्राफिक छवियों को बनाने के लिए किया जा सकता है।

एक ब्रश"

बी] <u>"पेंट"</u>

सी] "नोटपैड"

डी] "वर्डपैड"

प्रश्न 47. दस्तावेज़ में प्रस्तुत सामग्री की उपस्थिति को बढ़ाने के लिए .... मेनू का उपयोग किया जाता है।

ए] "इन्सर्ट"

बी] "संपादित करें"

सी] <u>"प्रारूप"</u>

डी] "फाइल"

प्रश्न 48. A............. स्क्रीन पर एक आयताकार खंड है जिसका उपयोग सूचना और अन्य प्रोग्राम को प्रदर्शित करने के लिए किया जाता है।

ए] चिह्न

बी] डेस्कटॉप

सी] <u>खिड़की</u>

डी] पैनल

प्रश्न 49. एक ऑपरेटिंग सिस्टम की एक ही समय में कई प्रोग्राम चलाने की क्षमता को "मल्टीटास्किंग" कहा जाता है।

ए] <u>सच</u>

बी] झूठा

प्रश्न 50. विंडो विस्टा में, आप अपनी स्क्रीन के विभिन्न क्षेत्रों पर एक साथ कई प्रोग्राम चलते हुए देख सकते हैं

ए] सत्य

बी] झूठा

प्रश्न 51. फ़ाइल के नाम में दो भाग होते हैं

ए] फ़ोल्डर का नाम

बी] एक्सटेंशन का उपयोग करें

सी] फ़ाइलकानाम

डी] उप फ़ोल्डर का उपयोग करें नाम

प्र.52. हम टेक्स्ट के माध्यम से नेविगेट कर सकते हैं

ए] सीपीयू

बी] माउस

सी] कुंजी बोर्ड

डी] मॉनिटर

प्रश्न 1. एमएस वर्ड 2007 में जब टेक्स्ट का चयन किया जाता है, तो एक "............" स्वचालित रूप से प्रदर्शित होता है।

ए] टास्कबार

बी] मुख्य टूलबार

सी] मिनीटूलबार

डी] मेनू बार

प्रश्न 2. आप निम्न का उपयोग करके TOC बना सकते हैं:

ए] शीर्षक शैलियों।

बी] कस्टम शैलियों।

सी] रूपरेखा स्तर।

डी] येसभी।

प्रश्न 3. .... में फाइल को खोलने, सेव करने, प्रिंट करने और बंद करने का कमांड होता है।

घर"

बी] "कार्यालयबटन"

सी] "देखें"

डी] "इन्सर्ट"

प्रश्न 4. .... दस्तावेजों को डिजाइन करने के लिए कई प्रकार के विकल्प प्रदान करता है।

ए] माइक्रोसॉफ्ट एक्सेल

बी] माइक्रोसॉफ्ट पावरपॉइंट

सी] माइक्रोसॉफ्टवर्ड

डी] माइक्रोसॉफ्ट एक्सेस

प्रश्न 5. निम्नलिखित सभी रिबन टैब Word 2007 में प्रदर्शित होते हैं, सिवाय इसके कि

घर

बी] सम्मिलित करें

सी] उपकरण

डी] पेज लेआउट

प्रश्न 6. जब आप सम्मिलन बिंदु को स्थानांतरित करने के लिए माउस का उपयोग करते हैं, तो माउस पॉइंटर का आकार आई-बीम जैसा होता है।

ए] सच

बी] झूठा

प्रश्न 7. अनुक्रमणिका आपको एक नज़र में उन विषयों को दिखाती है जो दस्तावेज़ में शामिल हैं और इससे जानकारी का पता लगाना आसान हो जाता है।

ए] सच

बी] झूठा

प्रश्न 8. आप अपनी आवश्यकताओं के अनुसार वर्डआर्ट को संशोधित करने के लिए "वर्डआर्ट टूल्स" के अंतर्गत "फॉर्मेट" टैब पर क्लिक कर सकते हैं।

ए] सच

बी] झूठा

प्र.9. वर्ड में फाइल को .... कहते हैं।

टेम्पलेट"

बी] "फॉर्म"

सी] "डेटाबेस"

डी] "दस्तावेज"

प्र.10. मेल मार्ज सुविधा, डेटा की एक सूची को जोड़ती है, आमतौर पर नामों और पतों की एक फ़ाइल।

ए]सत्य

बी] झूठा

प्रश्न 11. माइक्रोसॉफ्ट वर्ड बाजार में उपलब्ध एकमात्र वर्ड प्रोसेसर है।

सत्य

बी] झूठा

प्रश्न 12. हाइपरलिंक दस्तावेज़ में एक स्थान या टेक्स्ट के एक भाग की पहचान करता है जिसे आप फीचर संदर्भ के लिए नाम देते हैं।

सत्य

बी] झूठा

प्रश्न 13. A............. एक दस्तावेज़ के एक भाग से संबंधित जानकारी के लिए उसी दूसरे भाग में एक संदर्भ है।

ए] हाइपरलिंक

बी] क्रॉस-रेफरेंस

सी] दस्तावेज़

डी] लिंकेज

प्रश्न 14. इंडेंटेशन के लिए आप अपने टेक्स्ट को इंडेंट करने के लिए "............" टैब पर "पैराग्राफ" समूह में "डिक्रीज इंडेंट" और "इंडेंट इंडेंट" आइकन का उपयोग कर सकते हैं।

ए] सम्मिलित करें

बी] होम

सी] पेज लेआउट

डी] डेटा

प्र.15. एमएस वर्ड 2007 में "संदर्भ" टैब में वर्तनी जांच, वर्ग और ट्रैक परिवर्तन शामिल हैं।

सत्य

ए] गलत

प्रश्न 16. "............" पर्यायवाची शब्दों का एक शब्दकोष है जिसका उपयोग आप ऐसे शब्दों को खोजने के लिए कर सकते हैं जो किसी शब्द के पर्यायवाची हैं।

ए] अनुवाद

बी] वर्तनी

सी] थिसॉरस

डी] अनुसंधान

प्रश्न 17. A "................" उन विषयों की एक सूची है जो किसी दस्तावेज़ में उनके संबद्ध पृष्ठ संदर्भों के साथ दिखाई देते हैं।

ए] सूचकांक

बी] टेबल

सी] क्लिपबोर्ड

डी] सामग्रीकीतालिका

प्रश्न 18. आप एमएस वर्ड 2007 में उपलब्ध शैलियों को स्वचालित रूप से लागू करने वाले अपने दस्तावेज़ को प्रारूपित कर सकते हैं।

ए] सच

बी] झूठा

प्र.19. A "............." वर्तमान दस्तावेज़ में किसी स्थान का किसी अन्य दस्तावेज़ या वेब साइट से कनेक्शन है।

एक लिंक

बी] <u>हाइपरलिंक</u>

सी] हाइपोलिंक

डी] लिंकेज

प्र.20. प्रिंट प्रीव्यू मोड में किसी दस्तावेज़ को देखने के लिए, ऑफिस बटन पर क्लिक करें और "प्रिंट प्रिव्यू" चुनें।

ए] <u>सच</u>

बी] झूठा

प्रश्न 21. आप अपने दस्तावेज़ में व्याकरण संबंधी और वर्तनी की गलतियों को स्वचालित रूप से ठीक करने के लिए "स्वतः पूर्ण सुविधा" का उपयोग कर सकते हैं।

सत्य

बी] <u>झूठा</u>

प्रश्न 22. वर्ड प्रोसेसिंग एप्लिकेशन का उपयोग करके आप एक दस्तावेज़ बना सकते हैं, संशोधित कर सकते हैं, स्टोर कर सकते हैं, पुनः प्राप्त कर सकते हैं और प्रिंट कर सकते हैं।

ए] <u>सच</u>

बी] झूठा

प्रश्न 23. "मिनी टूलबार" सबसे अधिक उपयोग किए जाने वाले फ़ॉर्मेटिंग कमांड तक पहुंचने का आसान तरीका प्रदान करता है।

ए] <u>सच</u>

बी] झूठा

प्रश्न 24. अपने दस्तावेज़ में केवल चयनित पृष्ठों को प्रिंट करने के लिए, आप "प्रिंट रेंज" के अंतर्गत "वर्तमान पृष्ठ" या "पृष्ठ" विकल्प का उपयोग कर सकते हैं।

ए] <u>सच</u>

बी] झूठा

प्र.25. एमएस वर्ड 2007 जब हम ऑफिस बटन पर क्लिक करते हैं तो "एडिट" मेनू प्रदर्शित होता है।

सत्य

बी] <u>झूठा</u>

प्रश्न 26. एक "................" एक पूर्व-डिज़ाइन किया गया दस्तावेज़ है जो सामान्य प्रयोजन के दस्तावेज़ जैसे फ़ैक्स, चालान या व्यावसायिक पत्र बनाने के लिए उपयोगी है।

ए] <u>टेम्पलेट</u>

बी] फ़ाइल

सी] फॉर्म

डी] डेटाबेस

प्रश्न 27. एक बहुस्तरीय सूची सूची मदों को अलग-अलग स्तरों पर दिखाती है न कि एकल स्तर पर।

ए] सच

बी] झूठा

प्रश्न 28. A "............." का उपयोग जानकारी को क्षैतिज पंक्तियों और लंबवत स्तंभों के आसानी से पढ़े जाने वाले प्रारूप में व्यवस्थित करने के लिए किया जाता है।

एक कोशिका

बी] शीट

सी] बॉक्स

डी] टेबल

प्रश्न 29. बाईं ओर अलग-अलग वर्ण को हटाने के लिए आप "............" दबा सकते हैं।

ए] हटाएं

बी] बैकस्पेस

केंद्र

डी] स्पेसबार

प्रश्न 30. जब आप "होम" टैब पर "प्रारूप प्रिंटर" आइकन पर क्लिक करते हैं, तो आप देख सकते हैं कि आपका माउस पॉइंटर "............" आइकन में बदल जाता है।

ए] तूलिका

बी] आई-बीम

सी] तीर

डी] 4-रास्ता तीर

प्रश्न 31. आप "नया दस्तावेज़" विंडो में एक टेम्पलेट नाम पर जाँच करके Word द्वारा प्रदान किए गए मानक टेम्पलेट का उपयोग करके एक नया दस्तावेज़ बना सकते हैं।

ए] सच

बी] झूठा

प्रश्न 32. एमएस वर्ड की मेल मर्ज सुविधा आपको विशेष प्रस्तावों के बारे में अपने दस्तावेज़ को बड़ी संख्या में लोगों को मेल करने की सुविधा प्रदान करती है।

ए] सच

बी] झूठा

प्रश्न 33। जब आप अपने माउस को एक बटन पर ले जाते हैं, तो एक .... प्रदर्शित होता है। यह एक विस्तृत विवरण प्रदान करता है कि बटन क्या करता है।

ए] सुपर-टूलटिप

बी] उप-टूलटिप

सी] जानकारी

डी] की-टिप

प्रश्न 34. MS Word 2007 टेक्स्ट, डेटा या नंबरों को आरोही या अवरोही क्रम में जल्दी से सॉर्ट कर सकता है।

ए] <u>सच</u>

बी] झूठा

प्रश्न 35. ...... आवेदन पत्र, ब्रोशर, फैक्स और यहां तक कि पेशेवर मैन्अल से व्यक्तिगत पत्र जैसे विभिन्न प्रकार के लिखित दस्तावेज बनाने में आपकी मदद करते हैं।

ए] <u>वर्डप्रोसेसर</u>

बी] वर्ड पैड

सी] नोट पैड

डी] इनमें से कोई नहीं

प्रश्न 36. "मेलिंग" टैब में मेल मर्ज के लिए आवश्यक आइटम होते हैं।

ए] <u>सच</u>

बी] झूठा

प्रश्न 37. Word प्रत्येक पृष्ठ के अंत में फुटनोट रखता है और दस्तावेज़ों के अंत में नोट्स समाप्त करता है।

ए] <u>सच</u>

बी] झूठा

प्रश्न 38. टेक्स्ट को बनाए रखते हुए हाइपरलिंक को हटाने के लिए, राइट - उस पर क्लिक करें और "हाइपरलिंक निकालें" चुनें।

ए] <u>सच</u>

बी] झूठा

प्रश्न 39. एमएस वर्ड एक लाल लहराती रेखांकन के साथ विसंगतियों को स्वरूपित करने को इंगित करता है।

सत्य

बी] <u>झूठा</u>

प्र.40. दस्तावेज़ को स्वचालित रूप से सही करने के लिए, हम उपयोग करते हैं

ए] <u>स्वत: सहीसुविधा</u>

बी] ऑटो पूर्ण सुविधा

सी] स्वरूपण

डी] बिल्डिंग ब्लॉक्स

प्रश्न 41. समाचार पत्र के कॉलम के लिए एक "............" एक सामान्य अनुप्रयोग है।

ए] समाचार पढ़ना

बी] <u>समाचारपत्र</u>

सी] समाचार

डी] समाचार संपादक

प्रश्न 42. व्यक्तिगत पत्र, प्रपत्र पत्र, ब्रोशर, फैक्स और पेशेवर मैनुअल वर्ड प्रोसेसर का उपयोग कर सकते हैं।

ए] <u>सच</u>

बी] झूठा

प्रश्न 43. मार्जिन सेट करें, "पेज लेआउट" टैब पर "पेज सेटअप" समूह से "मार्जिन" चुनें।

ए] <u>सच</u>

बी] झूठा

प्रश्न 44. ड्रॉप कैप्स पैराग्राफ की शुरुआत में पहले अक्षर होते हैं जो कई पंक्तियों में बातचीत करते हुए बढ़े हुए होते हैं।

ए] <u>सच</u>

बी] झूठा

प्रश्न 45. एक बहुस्तरीय सूची सूची मदों को एकल स्तर के बजाय विभिन्न स्तरों पर दिखाती है।

ए] <u>सच</u>

बी] झूठा

प्रश्न 46. "पेज लेआउट" टैब में मार्जिन, ओरिएंटेशन और स्पेसिंग गुण होते हैं।

ए] <u>सच</u>

बी] झूठा

प्रश्न 47. किसी दस्तावेज़ में एक निश्चित स्थान को चिह्नित करने के लिए ".........." का उपयोग किया जाता है।

ए] सूचकांक

बी] हाइपरलिंक

सी] <u>बुकमार्क</u>

डी] टेबल

प्रश्न 48. आप निर्दिष्ट नए टेक्स्ट द्वारा खोज टेक्स्ट की सभी घटनाओं को बदलने के लिए "सभी बदलें" बटन पर क्लिक कर सकते हैं।

ए] <u>सच</u>

बी] झूठा

प्रश्न 49. एमएस वर्ड 2007 में एक दस्तावेज़ पर काम करते समय जब हम चित्र पर क्लिक करते हैं, तो यह "साइज़िंग हैंडल" नामक आठ बॉक्स से घिरा होता है जिसका उपयोग

ग्राफिक के आकार को बदलने के लिए किया जाता है।

ए] सच

बी] झूठा

प्रश्न 50. पदानुक्रम में किसी आइटम के स्तर को बदलते समय आप इंडेंट का उपयोग करके बढ़ा सकते हैं

ए] "टैब"

बी] "बैकस्पेस"

सी] "हटाएं"

डी] "स्पेसबार"

प्रश्न 51. फ़ुटनोट्स या एंडनोट्स का उपयोग कुछ निश्चित "......................" प्रदान करने के लिए किया जाता है।

ए] संदर्भ

बी] सूचना

सी] अंक

डी] सूचियां

प्र.52. यदि आप चाहते हैं कि वर्तमान डेटा में परिवर्तन होने पर डेटा स्वचालित रूप से किसी दस्तावेज़ में अपडेट हो जाए, तो "स्वचालित रूप से अपडेट करें" बॉक्स को चेक करें।

ए] सच

बी] झूठा

प्रश्न 1. सूत्र पट्टी में, एक आसन्न श्रेणी को आरंभिक और संपादन सेल पतों को a . द्वारा अलग करके निर्दिष्ट किया जाता है

ए] अर्धविराम

बी] अल्पविराम

सी] पूर्ण विराम

डी] कोलन

प्रश्न 2. सेल पता "टेक्स्ट बॉक्स" में प्रदर्शित होता है।

सत्य

बी] झूठा

प्रश्न 3. ए .... डेटा का एक दृश्य प्रतिनिधित्व है और जानकारी को समझने में आसान और आकर्षक तरीके से बताता है।

ए] चार्ट

बी] टेबल

सी] चित्र

डी] ग्राफिक

प्रश्न 4. फ़ार्मुलों में, एक गैर-आसन्न श्रेणी को एक .... द्वारा अलग किए गए सेल पते देकर निर्दिष्ट किया जाता है।

ए] अर्धविराम

बी] अल्पविराम

सी] पूर्ण विराम

डी] कोलन

प्रश्न 5. आप अपनी कार्यपत्रक में सीधे संपादित करने के बजाय, डेटा दर्ज करने और संपादित करने के लिए .... का उपयोग कर सकते हैं।

ए] फॉर्मूलाबार

बी] शीर्षक बार

सी] मेनू बार

डी] स्पेस बार

प्रश्न 6. आपकी Excel 2007 फ़ाइल "............" एक्सटेंशन के साथ संग्रहीत है।

ए] ".docx"

बी] ".xlsx"

सी] ".xltx"

डी] ".zltx"

प्रश्न 7. इलेक्ट्रॉनिक स्प्रेडशीट या वर्कशीट में, डेटा को संपादित किया जा सकता है, नया डेटा जोड़ा जा सकता है, और अवांछित डेटा को हटाया जा सकता है।

ए] सच

बी] झूठा

प्रश्न 8. "समीक्षा" टैब में वर्तनी जांच जैसे अशुद्धि जाँच उपकरण होते हैं और इसमें बटन भी होता है जो आपको वर्कशीट में टिप्पणियां जोड़ने और संशोधनों को प्रबंधित करने देता है।

ए] सच

बी] झूठा

प्र.9. "............" टैब में वर्तनी जांच जैसे अशुद्धि जाँच उपकरण होते हैं।

ए] "समीक्षा"

बी] "डेटा"

सी] "देखें"

डी] "इन्सर्ट"

प्र.10. आप हमारी खुद की वर्क बुक टेम्प्लेट बना और डिज़ाइन कर सकते हैं।

ए] सच

बी] झूठा

प्रश्न 11. स्प्रेडशीट प्रोग्राम में जब आप एक सेल से दूसरे सेल में जाते हैं, तो सक्रिय सेल का संदर्भ या पता "नाम बॉक्स" में दिखाई देता है।

ए] सच

बी] झूठा

प्रश्न 12. Microsoft Excel अनुप्रयोग प्रारंभ करने के लिए, "प्रारंभ" बटन पर क्लिक करें और "सभी प्रोग्राम Microsoft Office ? Microsoft Office Excel 2007" चुनें।

ए] सच

बी] झूठा

प्रश्न 13. "सम्मिलित करें" टैब आपको स्प्रेडशीट प्रोग्राम में टेबल, ग्राफिक्स, चार्ट और हाइपरलिंक जैसी विशेष सामग्री जोड़ने देता है।

ए] सच

बी] झूठा

प्रश्न 14. पृष्ठ के निचले भाग में दिखाई देने वाले पाठ को "पाद लेख" कहा जाता है।

ए] सच

बी] झूठा

प्र.15. एक्सेल में, फॉर्मूला हमेशा बराबर चिह्न से शुरू होता है] =। और अंकगणितीय ऑपरेटरों जैसे +, -, *, /,%, और ^ का उपयोग क्रमशः जोड़, घटाव, गुणा, भाग, प्रतिशत और घातांक करने के लिए करता है।

ए] सच

बी] झूठा

प्रश्न 16. काम करते समय आपको एक से अधिक शीट से डेटा को संदर्भित करना पड़ सकता है जिसे रेफरेंसिंग मल्टीपल शीट कहा जाता है।

ए] सच

बी] झूठा

प्रश्न 17. डिफ़ॉल्ट पृष्ठ अभिविन्यास सेटिंग "लैंडस्केप" है।

सत्य

बी] झूठा

प्रश्न 18. "............" एक ऐसी विधि है जो मूल्यों के पूर्वानुमान में आपकी सहायता करती है।

ए] "ढूंढें"

बी] "बदलें"

सी] "लक्ष्यकीतलाश"

डी] "जाओ"

प्र.19. MS Excel 2007 में, "रिबन" के नीचे, हम बाईं ओर नाम बॉक्स और दाईं ओर फॉर्मूला बार देख सकते हैं।

ए] <u>सच</u>

बी] झूठा

प्र.20. ए "............" एक पूर्व लिखित सूत्र है जो स्वचालित रूप से गणना करता है।

ए] <u>"फ़ंक्शन"</u>

बी] "समीकरण"

सी] "टेम्पलेट"

डी] "प्रतिक्रिया"

प्रश्न 21. एमएस एक्सेल 2007 का उपयोग विभिन्न प्रकार के .... के लिए किया जाता है जो सरल से जटिल तक भिन्न होते हैं।

ए] <u>गणना</u>

बी] जोड़तोड़

सी] प्रस्तुतियाँ

डी] भाव

प्रश्न 22. आपकी एक्सेल फ़ाइल ".xltx" एक्सटेंशन के साथ संग्रहीत है।

सत्य

बी] <u>झूठा</u>

प्रश्न 23. "स्वतः सुधार" Microsoft Excel 2007 की एक विशेषता है जो तार्किक रूप से श्रृंखला को दोहराकर और विस्तारित करके शीर्षक की एक श्रृंखला में प्रवेश करना आसान बनाता है।

सत्य

बी] <u>झूठा</u>

प्रश्न 24. "एक सापेक्ष संदर्भ" एक सूत्र में उपयोग किया जाने वाला एक सेल या श्रेणी संदर्भ है जिसका स्थान किसी सूत्र की प्रतिलिपि बनाने पर नहीं बदलता है।

सत्य

बी] <u>झूठा</u>

प्र.25. पदानुक्रम में किसी आइटम के स्तर को बदलते समय आप इंडेंट का उपयोग करके बढ़ा सकते हैं।

ए] <u>"टैब"</u>

बी] "बैकस्पेस"

सी] "हटाएं"

डी] "स्पेसबार"

प्रश्न 26. मार्जिन सेट करने के लिए, "पेज लेआउट" टैब पर "पेज सेटअप" समूह से "मार्जिन" चुनें।

ए] सच

बी] झूठा

प्रश्न 27. बाईं ओर अलग-अलग वर्ण निकालने के लिए आप "............." दबा सकते हैं।

ए] हटाएं

बी] बैकस्पेस

केंद्र

डी] स्पेसबार

प्रश्न 28. ड्रॉप कैप्स शुरुआत में पहले अक्षर हैं जो कई पंक्तियों में बातचीत करते हुए बढ़े हुए हैं।

ए] सच

बी] झूठा

प्रश्न 29. एक पंक्ति और एक स्तंभ के प्रतिच्छेदन को "................" कहा जाता है।

मेज़

बी] सेल

सी] डेटा

डी] शीट

प्रश्न 30. A............. एक फाइल है जो एप्लिकेशन द्वारा "रेडी टू यूज" फॉर्मेट में उपलब्ध कराई जाती है।

एक पनना

बी] टेम्पलेट

सी] बुक

डी] रिपोर्ट

प्रश्न 31. A............. डेटा का एक दृश्य प्रतिनिधित्व है और जानकारी को समझने में आसान और आकर्षक तरीके से बताता है।

ए] चार्ट

बी] टेबल

सी] चित्र

डी] ग्राफिक

प्रश्न 32. अपनी कार्यपुस्तिका में कार्यपत्रक के बीच जाने के लिए, आपको "कार्यपुस्तिका" टैब पर क्लिक करना होगा।

सत्य

बी] झूठा

प्रश्न 33। एक थीम में रंग पैलेट, फ़ॉन्ट सेट और प्रभाव शामिल होते हैं।

ए] <u>सच</u>

बी] झूठा

प्रश्न 34. आप वर्कशीट के दो क्षेत्रों को देख सकते हैं और पैन को विभाजित या फ्रीज करके एक क्षेत्र में पंक्तियों या स्तंभों को लॉक कर सकते हैं।

ए] <u>सच</u>

बी] झूठा

प्रश्न 35. "............" अलग-अलग डिज़ाइन हैं जिन्हें दस्तावेज़ के विभिन्न भागों पर लागू किया जा सकता है।

ए] "ग्राफिक्स"

बी] <u>"शैलियाँ"</u>

सी] "चित्र"

डी] "थीम्स"

प्रश्न 36. "............" में फाइल को खोलने, सेव करने, प्रिंट करने और बंद करने के लिए कमांड होते हैं।

ए] <u>"देखें" टैब</u>

बी] "कार्यालय बटन"

सी] "इन्सर्ट" टैब

डी] "समीक्षा" टैब

प्रश्न 37. जब एक पूर्ण सेल संदर्भ वाले सूत्र को वर्कशीट में किसी अन्य पंक्ति या कॉलम में कॉपी किया जाता है, तो सेल संदर्भ नहीं बदलता है।

ए] <u>सच</u>

बी] झूठा

प्रश्न 38. "हेडर" आमतौर पर वह शीर्षक होता है जिसे आप पृष्ठ पर देते हैं।

ए] <u>सच</u>

बी] झूठा

प्रश्न 39. पृष्ठ के शीर्ष मार्जिन में दिखाई देने वाले पाठ को .... कहा जाता है।

ए] फूटर

बी] कॉलम

सी] <u>हैडर</u>

डी] पैराग्राफ

प्र.40. स्प्रेडशीट प्रोग्राम में एक टेबल दो या दो से अधिक सेल का चयन होता है।

ए] <u>सच</u>

बी] झूठा

प्रश्न 41. "शीर्षक" आमतौर पर पाद लेख के रूप में दिया जाता है।

सत्य

बी] झूठा

प्रश्न 42. स्वत: सापेक्ष सेल संदर्भों को रोकने के लिए, यानी सेल संदर्भ को पूर्ण बनाने के लिए, कॉलम और पंक्ति संख्या से पहले एक .... वर्ण टाइप करें।

ए] # हैश।

बी] $ डॉलर।

सी]% प्रतिशत।

डी] * तारा।

प्रश्न 43. एक थीम में रंग पैलेट, फ़ॉन्ट सेट और प्रभाव शामिल होते हैं।

ए] सच

बी] झूठा

प्रश्न 44. किसी समूह या कक्षों की श्रेणी का चयन करने के लिए, उस सेल पर क्लिक करें जिसे आप शुरू करना चाहते हैं, अपने कर्सर को खींचें और जब आप चयन के अंत तक पहुँच जाएँ तो उसे छोड़ दें।

ए] सच

बी] झूठा

प्रश्न 45. यदि हमें एक पृष्ठ पर अधिक डेटा जोड़ने की आवश्यकता है, तो हम पृष्ठ अभिविन्यास को लैंड स्केप में बदल देते हैं।

ए] सच

बी] झूठा

प्रश्न 46. प्रत्येक कार्यपत्रक का उपयोग विभिन्न प्रकार की संबंधित सूचनाओं को व्यवस्थित करने के लिए किया जा सकता है।

ए] सच

बी] झूठा

प्रश्न 47. "तालिका" डेटा का एक दृश्य प्रतिनिधित्व है और जानकारी को समझने में आसान और आकर्षक तरीके से व्यक्त करती है।

सत्य

बी] झूठा

प्रश्न 48. एमएस एक्सेल 2007 के साथ प्रदान की गई "थीम" सार्वभौमिक डिजाइन हैं जो सभी शैलियों को एकजुट करती हैं।

ए] सच

बी] झूठा

प्रश्न 49. Microsoft Excel 2007 में, एक एकल फ़ाइल या दस्तावेज़ को "............" कहा जाता है।

ए] कार्यपुस्तिका

बी] वर्कशीट

सी] शीट

डी] नोटबुक

प्रश्न 50. "नोटबुक" में एक या अधिक कार्यपत्रकों का संग्रह होता है और, वैकल्पिक रूप से, आपके कार्यपत्रक डेटा के ग्राफिक चित्रों वाले चार्ट शीट।

सत्य

बी] झूठा

प्रश्न 51. .... विकल्प के साथ, आप पंक्तियों और स्तंभों में से किसी एक या दोनों को फ्रीज कर सकते हैं। चाहे आप वर्कशीट में कहीं भी हों, आप हर समय इन पंक्तियों और/ या कॉलम में जानकारी देख सकते हैं।

एक बँटवारा

बी] व्यवस्था

सी] फिटर

डी] पैनफ्रीजकरें

प्र.52. आप इलेक्ट्रॉनिक शीट या वर्कशीट में डेटा को अधिक प्रभावी ढंग से दर्शाने के लिए चार्ट बना सकते हैं।

ए] सच

बी] झूठा

प्रश्न 53. स्प्रेडशीट में प्रत्येक सेल का अपना पता होता है जिसे "सेल एड्रेस" कहा जाता है।

ए] सच

बी] झूठा

प्रश्न 54. MS Excel 2007 में एक टेम्प्लेट फ़ाइल का एक्सटेंशन “..............” होता है।

ए] .docx

बी] .yltx

सी] .xltx

डी] .zltx

प्रश्न 55. ए "............।" एक लेखाकार के बहीखाते की तरह है जिसमें पंक्तियों और स्तंभों का समावेश होता है।

मेज़

बी] माइक्रोसॉफ्टएक्सेल 2007

सी] प्रारूप

डी] शीट

प्रश्न 56. एक "टेबल" डेटा का एक दृश्य प्रतिनिधित्व है और जानकारी को समझने में आसान और आकर्षक तरीके से बताता है।

सत्य

बी] झूठा

प्रश्न 1. "सम्मिलित करें" टैब में ऑब्जेक्ट्स का मूल सेट होता है जिसे आप स्लाइड में सम्मिलित कर सकते हैं।

ए] सच

बी] झूठा

प्रश्न 2. निर्दिष्ट नए टेक्स्ट द्वारा खोज टेक्स्ट की सभी घटनाओं को बदलने के लिए "सभी को बदलें" पर क्लिक करें।

ए] सच

बी] झूठा

प्रश्न 3. एक "................" ग्राफिक आपकी जानकारी और विचारों का एक दृश्य प्रतिनिधित्व है।

ए] "वर्डआर्ट"

बी] "क्लिपआर्ट"

सी] "स्मार्टआर्ट"

डी] "ऑटोशेप"

प्रश्न 4. Microsoft PowerPoint अनुप्रयोग प्रारंभ करने के लिए, "प्रारंभ" बटन पर क्लिक करें और "सभी कार्यक्रम ? Microsoft Office ? Microsoft Office PowerPoint 2007" चुनें।

ए] सच

बी] झूठा

प्रश्न 5. "............" उपयोग के लिए तैयार चित्र को संदर्भित करता है।

ए] "वर्डआर्ट"

बी] "क्लिपआर्ट"

सी] "स्मार्टआर्ट"

डी] "ऑटोशेप"

प्रश्न 6. हाल ही में उपयोग की गई प्रस्तुति को खोलने के लिए आप कार्यालय बटन पर क्लिक कर सकते हैं और फिर "हाल के दस्तावेज़" के तहत प्रदर्शित सूची में प्रस्तुति नाम पर क्लिक कर सकते हैं।

ए] सच

बी] झूठा

प्रश्न 7. स्मार्टआर्ट प्रोग्राम एक प्रभावी प्रस्तुतिकरण बनाने में आपकी मदद करने के लिए डिज़ाइन किए गए हैं।

सत्य

बी] <u>झूठा</u>

प्रश्न 8. "............" टैब में ऐसे टूल होते हैं जो यह नियंत्रित करते हैं कि स्लाइड शो को कैसे प्रस्तुत किया जाए।

डिजाइन"

बी] <u>"स्लाइडशो"</u>

सी] "समीक्षा"

डी] "देखें"

प्र.9. स्लाइड सॉर्टर दृश्य में प्रदर्शित स्लाइड के लघु चित्र।

ए] <u>सच</u>

बी] झूठा

प्र.10. .... जो आइकन प्रदर्शित करता है जो आमतौर पर उपयोग किए जाने वाले कमांड जैसे सेव, पूर्ववत और फिर से प्रदर्शित करता है।

ए] होम बटन

बी] रिबन

सी] <u>क्विकएक्सेसटूलबार</u>

डी] कार्यालय बटन

प्रश्न 11. A "............" वर्तमान दस्तावेज़ में किसी स्थान, किसी अन्य दस्तावेज़ या वेबसाइट से एक कनेक्शन है।

ए] हाईलिंक

बी] हिपोलिंक

सी] लिंकेज

डी] <u>हाइपरलिंक</u>

प्रश्न 12. कंप्यूटर पर स्लाइड शो बनाने के लिए .... का उपयोग किया जाता है

ए] <u>प्रस्तुतिग्राफिक्स</u>

बी] विश्लेषणात्मक विकास कार्यक्रम

सी] सुपर स्लाइड पैकेज

डी] स्लाइड मेकर टूल्स

प्रश्न 13. वेब पेज के रूप में अपनी प्रस्तुति का पूर्वावलोकन करने के लिए, आपको रिबन में "वेब पेज पूर्वावलोकन" कमांड जोड़ना होगा।

सत्य

बी] झूठा

प्रश्न 14. "स्लाइड शो व्यू" के साथ आप देख सकते हैं कि एक्टुलाशो में आपके ग्राफिक्स का समय, फिल्में, एनिमेटेड तत्व और संक्रमण प्रभाव कैसे दिखेंगे।

सत्य

बी] झूठा

प्र.15. ग्राफिक प्रेजेंटेशन में प्रोग्राम प्रत्येक प्रेजेंटेशन को .... में बांटा गया है।

ए] चार्ट

बी] स्लाइड

सी] टेबल

डी] चित्र

प्रश्न 16. पावरपॉइंट "मैच केस" में: आप केस सेंसिटिव सर्च के लिए इस बॉक्स को चेक कर सकते हैं।

ए] सच

बी] झूठा

प्रश्न 17. "कागज को फिट करने के लिए पैमाना": बाहरी फ्रेम के साथ स्लाइड को प्रिंट करने के लिए इस बॉक्स को चेक करें।

सत्य

बी] झूठा

प्रश्न 18. PowerPoint में "बिल्ड इफेक्ट्स" सामग्री को स्लाइड करने के लिए एनिमेशन हैं।

ए] सच

बी] झूठा

प्र.19. एक "............" एक पूर्व-डिज़ाइन की गई प्रस्तुति है जिसे सामान्य उद्देश्य जैसे कि फोटो एल्बम या क्विज़ शो के लिए डिज़ाइन किया गया है।

एक चार्ट"

बी] "टेबल"

सी] "स्लाइड"

डी] "टेम्पलेट"

प्र.20. आप PowerPoint द्वारा प्रदान किए गए टेम्पलेट का उपयोग करके एक नई प्रस्तुति बना सकते हैं।

ए] सच

बी] झूठा

प्रश्न 21. हम PowerPoint स्लाइड पर एक वीडियो क्लिप सम्मिलित कर सकते हैं।

ए] सच

बी] झूठा

प्रश्न 22. जब आप अपने माउस को साइज़िंग हैंडल पर ले जाते हैं तो पॉइंटर "............." बन जाता है।

ए] गोल तीर

बी] दोसिरवालातीर

सी] प्लस साइन

डी] चार सिर वाला तीर

प्रश्न 23. पावरपॉइंट प्रेजेंटेशन निम्नलिखित एप्लिकेशन सॉफ्टवेयर का एक घटक है।

ए] लीप ऑफिस

बी] कार्यालय शुरू करें

सी] ओपन ऑफिस

डी] एमएसऑफिस

प्रश्न 24. "स्लाइड शो व्यू" थंबनेल रूप में आपकी स्लाइड का एक विशिष्ट दृश्य है।

सत्य

बी] झूठा

प्र.25. हेडर और फुटर का उपयोग स्लाइड नंबर, समय और तारीख, कंपनी का लोगो या प्रेजेंटेशन टाइटल को हैंड आउट या नोट्स पेज के शीर्ष पर या स्लाइड, हैंडआउट या नोट्स पेज के नीचे जोड़ने के लिए किया जाता है। .

ए] सच

बी] झूठा

प्रश्न 26. स्क्रीन पर एक विंडो में अपनी स्लाइड का पूर्वावलोकन देखने के लिए, त्वरित एक्सेस टूलबार पर क्लिक करें और "प्रिंट प्रिंट पूर्वावलोकन" चुनें।

सत्य

बी] झूठा

प्रश्न 27. ग्राफिक्स प्रेजेंटेशन प्रोग्राम में प्रत्येक प्रेजेंटेशन को चार्ट में बांटा गया है।

सत्य

बी] झूठा

प्रश्न 28. वर्डआर्ट ग्राफिक्स का उपयोग करके, आप अपने संदेश को त्वरित और सरल तरीके से प्रभावी ढंग से संप्रेषित कर सकते हैं।

सत्य

बी] झूठा

प्रश्न 29. आप स्क्रीन के नीचे "............" पर प्रदर्शित बटनों को चेक करके प्रस्तुति दृश्य बदल सकते हैं।

ए] "टाइटल बार"

बी] "मेन्यू बार"

सी] "टूल बार"

डी] <u>"स्टेटसबार"</u>

प्रश्न 30. "एनिमेशन" आपकी स्लाइड में विशेष दृश्य या ध्वनि प्रभाव को जोड़ने के लिए संदर्भित करता है।

ए] <u>सच</u>

बी] झूठा

प्रश्न 31. पावरपॉइंट प्रेजेंटेशन ग्राफिक्स का उपयोग करना सरल है और इसका उपयोग प्रभावी प्रस्तुति के लिए किया जाता है

ए] एक विषय पर।

बी] <u>सच</u>

सी] झूठा

प्रश्न 32. एक "समीक्षा" एक प्रस्तुति को देखने का एक तरीका है।

सत्य

बी] <u>झूठा</u>

प्रश्न 33। प्रेजेंटेशन ग्राफिक्स में "............" का उपयोग आपकी प्रेजेंटेशन में हैंडआउट या नोट्स पेज के शीर्ष पर स्लाइड नंबर, समय और तारीख, कंपनी का लोगो या प्रेजेंटेशन शीर्षक जैसी जानकारी जोड़ने के लिए किया जाता है। , या स्लाइड के नीचे, हैंडआउट या नोट्स।

ए] हाइपरलिंक

बी] टेबल्स

सी] <u>शीर्षलेखऔरपादलेख</u>

डी] चार्ट

प्रश्न 34. स्लाइड पर साइज़िंग हैंडल का उपयोग केवल ऊंचाई या चौड़ाई को समायोजित करने के लिए किया जाता है।

ए] <u>सच</u>

बी] झूठा

प्रश्न 35. "..........." वास्तविक स्लाइड शो प्रस्तुति की तरह पूर्ण कंप्यूटर स्क्रीन लेता है।

ए] स्लाइड सॉर्टर व्यू

बी] सामान्य दृश्य

सी] <u>स्लाइडशोव्यू</u>

डी] नोट्स पेज

प्रश्न 36. "आउटलाइन" टैब आपके स्लाइड टेक्स्ट को आउटलाइन फॉर्म में दिखाता है।

ए] सच

बी] झूठा

प्रश्न 37. एक स्लाइड लेआउट एक स्लाइड पर पाठ, चित्र, टेबल, चार्ट और मूवी जैसे तत्वों की व्यवस्था को संदर्भित करता है।

ए] सच

बी] झूठा

प्रश्न 38. यदि आपकी प्रस्तुति में बड़ी संख्या में स्लाइड हैं, तो आपको अपनी सभी स्लाइडों को देखने और उनकी स्थिति बदलने के लिए .... का उपयोग करना अधिक सुविधाजनक लग सकता है।

ए] सामान्य दृश्य

बी] स्लाइडसॉर्टरव्यू

सी] स्लाइड शो व्यू

डी] नोट्स पेज

प्रश्न 39. आप किसी स्लाइड को हटाने के लिए सामान्य दृश्य या स्लाइड सॉर्टर दृश्य का उपयोग कर सकते हैं।

ए] सच

बी] झूठा

प्र.40. माइक्रोसॉफ्ट पावरपॉइंट में आपकी फाइल को .... एक्सटेंशन के साथ स्टोर किया जाता है।

ए] पीएसडी

बी] .rtf

सी] .pptx

डी] .docx

प्रश्न 41. जब पॉइंटर .... बन जाता है, तो आप प्लेसहोल्डर को अपने इच्छित स्थान पर खींच सकते हैं।

ए] गोल तीर

बी] दो गोल तीर

सी] प्लस साइन

डी] चारसिरवालातीर

प्रश्न 42. एक "क्लिप" एक एकल मीडिया फ़ाइल हो सकती है, जिसमें कला, ध्वनि, एनीमेशन या फिल्में शामिल हैं।

ए] सच

बी] झूठा

प्रश्न 43. "............" एक फ़ाइल के बारे में विवरण हैं जो इसे पहचानने में मदद करते हैं।

ए] डेस्कटॉप गुण

बी] विंडो गुण

सी] उन्नत गुण

डी] <u>दस्तावेज़ गुण</u>

प्रश्न 44. चयन आयत के स्लाइड और कोनों पर "साइज़िंग हैंडल" का उपयोग प्लेस होल्डर के आकार को समायोजित करने के लिए किया जा सकता है।

ए] <u>सच</u>

बी] झूठा

प्रश्न 45. आपके द्वारा पहले सहेजी गई फ़ाइल को खोलने के लिए, रिबन पर क्लिक करें और "खोलें" चुनें।

सत्य

बी] <u>झूठा</u>

प्रश्न 46. "............." मुख्य संपादन दृश्य है।

ए] स्लाइड सॉर्टर व्यू

बी] <u>सामान्य दृश्य</u>

सी] स्लाइड शो व्यू

डी] नोट्स पेज

प्रश्न 47. हम पावरपॉइंट स्लाइड पर एक ऑडियो क्लिप डाल सकते हैं।

ए] <u>सच</u>

बी] झूठा

प्रश्न 48. PowerPoint में "इन्सर्ट" टैब में आपकी स्लाइड्स को डिज़ाइन करने के लिए टूल होते हैं।

सत्य

बी] <u>झूठा</u>

प्रश्न 49. "..........." टैब में मूल स्वरूपण उपकरण होते हैं।

डिजाइन"

बी] "देखें"

सी] "सम्मिलित करें"

डी] <u>"होम"</u>

प्रश्न 50. "स्लाइड्स" टैब आपकी प्रस्तुति के माध्यम से नेविगेट करना और परिवर्तनों के प्रभावों को देखना और स्लाइडर को पुनर्व्यवस्थित करना, जोड़ना या हटाना आसान बनाता है।

ए] <u>सच</u>

बी] झूठा

प्रश्न 51. जब आप संपादित करते हैं तो "रूपरेखा" टैब आपको थंबनेल आकार की छवियों के रूप में स्लाइड दिखाता है।

सत्य

बी] झूठा

प्र.52. PowerPoint में "इन्सर्ट" टैब में आपकी स्लाइड्स को डिज़ाइन करने के लिए टूल होते हैं।

सत्य

बी] झूठा

प्रश्न 1. आप एक स्पेस के साथ फील्ड का नाम शुरू कर सकते हैं।

सत्य।

बी] झूठा।

प्रश्न 2. "............." एक डेटाबेस ऑब्जेक्ट है जो मुख्य रूप से रिकॉर्ड दर्ज करने और प्रदर्शित करने और स्क्रीन पर मौजूदा रिकॉर्ड में परिवर्तन करने के लिए उपयोग किया जाता है।

पूछताछ।

बी] रूप।

सी] रिपोर्ट।

डी] टेबल।

प्रश्न 3. प्राथमिक संख्या एक अद्वितीय, अनुक्रमिक संख्या है जो तालिका में कोई नया रिकॉर्ड जोड़े जाने पर स्वचालित रूप से एक से बढ़ जाती है।

सत्य।

बी] झूठा।

प्रश्न 4. प्रत्येक कॉलम एक रिकॉर्ड है जो किसी रिकॉर्ड के बारे में जानकारी की सबसे छोटी इकाई है।

सत्य।

बी] झूठा।

प्रश्न 5. प्रपत्र एक मुद्रित आउटपुट है जो तालिकाओं और प्रश्नों से उत्पन्न होता है।

सत्य।

बी] झूठा।

प्रश्न 6. रिबन में टास्क-ओरिएंटेड टैब्स, ग्रुप्स और कमांड बटन होते हैं।

ए] सच।

बी] झूठा।

प्रश्न 7. "............." एक इलेक्ट्रॉनिक डेटाबेस प्रबंधन प्रणाली है जो कई अलग-अलग तरीकों से जानकारी को स्टोर, व्यवस्थित, हेरफेर और प्रस्तुत कर सकती है।

ए] <u>एमएसएक्सेस 2007।</u>

बी] एमएस वर्ड।

सी] एमएस एक्सेल।

डी] एमएस पावरपॉइंट।

प्रश्न 8. एक पेशेवर डेटाबेस सबसे व्यापक रूप से उपयोग की जाने वाली डेटाबेस संरचना है।

सत्य।

बी] झूठा।

प्र.9. सारणियाँ एक सामान्य क्षेत्र द्वारा एक दूसरे से संबंधित या जुड़ी हुई हैं।

ए] <u>सच</u>।

बी] झूठा।

प्र.10. जब आप किसी डेटा प्रकार का चयन करते हैं, तो उसके डिफ़ॉल्ट गुण "प्रदर्शन गुण" के अंतर्गत प्रदर्शित होते हैं।

सत्य।

बी] झूठा।

प्रश्न 11. "............" डेटा प्रकार का उपयोग केवल संख्याओं को संग्रहीत करने के लिए किया जाता है।

ए] ऑटो नंबर।

बी] पाठ।

सी] <u>संख्या</u>।

डी] दिनांक / समय।

प्रश्न 12. एक डिफ़ॉल्ट मान का उपयोग उस मान को निर्दिष्ट करने के लिए किया जाता है जो एक नया रिकॉर्ड जोड़े जाने पर स्वचालित रूप से फ़ील्ड में दर्ज हो जाता है।

ए] <u>सच</u>।

बी] झूठा।

प्रश्न 13. "............" एक्सेस 2007 में जानकारी संग्रहीत करता है।

ए] <u>टेबल</u>।

बी] प्रश्न।

सी] रिपोर्ट।

डी] फॉर्म।

प्रश्न 14. एक क्षेत्र संपत्ति एक विशेषता है जो एक क्षेत्र को परिभाषित करने में मदद करती है।

ए] <u>सच</u>।

बी] झूठा।

प्र.15. "............." डेटा प्रकार का उपयोग छवियों, दस्तावेज़ों, ग्राफ़ आदि को संग्रहीत करने के लिए किया जाता है।

ए] हाइपरलिंक।

बी] ओईएलऑब्जेक्ट।

सी] पाठ।

डी] विवरण।

प्रश्न 16. "............." फ़ील्ड में दर्ज किए जा सकने वाले वर्णों की अधिकतम संख्या तय करता है।

ए] प्रारूप।

बी] इनपुट मास्क।

सी] कैप्शन।

डी] क्षेत्रकाआकार।

प्रश्न 17. एक डेटाबेस में जानकारी को .... में संग्रहीत किया जाता है।

एक चार्ट।

बी] बॉक्स।

सी] फ़ोल्डर।

डी] टेबल।

प्रश्न 18. "............." डिफ़ॉल्ट डेटा प्रकार है और इसका उपयोग टेक्स्ट प्रविष्टियों जैसे शब्दों, शब्दों और संख्याओं के संयोजन और संख्याओं को संग्रहीत करने के लिए किया जाता है जो गणना में उपयोग नहीं किए जाते हैं।

पाठ।

बी] संख्या।

सी] मेमो।

डी] मुद्रा।

प्र.19. एक्सेस में, आप डेटा को आरोही या अवरोही क्रम में सॉर्ट कर सकते हैं।

ए] सच।

बी] झूठा।

प्र.20. एक्सेस डेटाबेस में ऑब्जेक्ट्स के साथ प्रदर्शित करने और काम करने के लिए "सूचियां" नामक विभिन्न विंडो प्रारूप प्रदान करता है।

सत्य।

बी] झूठा।

प्रश्न 21. एक्सेस में, प्रत्येक डेटाबेस एक फ़ाइल में संग्रहीत होता है जिसमें एक्सटेंशन होता है।

ए] ".docx"

बी] ".आरटीएफ"

सी] ".एससीडीबी"

डी] ".txt"

प्रश्न 22. डेटा प्रकार फ़ील्ड में मौजूद डेटा के प्रकार को परिभाषित करता है।

ए] सच।

बी] झूठा।

प्रश्न 23. A............ का प्रयोग किसी क्षेत्र में संग्रहीत डेटा की पहचान करने के लिए किया जाता है।

मेज़।

बी] क्षेत्रकानाम।

सी] बॉक्स।

डी] ब्रैकेट।

प्रश्न 24. एक डेटाबेस संबंधित जानकारी का एक संगठित संग्रह है।

ए] सच।

बी] झूठा।

प्र.25. "............" डेटा प्रविष्टि को सरल करता है और नियंत्रित करता है कि कौन से डेटा की आवश्यकता है और इसे कैसे प्रदर्शित किया जाना है।

ए] प्रारूप।

बी] इनपुटमास्क।

सी] कैप्शन।

डी] क्षेत्र का आकार।

प्रश्न 26. एक्सेस स्वचालित रूप से प्राथमिक कुंजी के लिए एक कोड बनाता है, जो क्वेरी और अन्य संचालन करने में मदद करता है।

सत्य।

बी] झूठा।

प्रश्न 27. .... कई प्रकार के डेटा प्रदान करता है।

ए] वर्ड 2007।

बी] एक्सेस 2007 ।

सी] एक्सेल 2007।

डी] पावरपॉइंट 2007।

प्रश्न 28. किसी तालिका से रिकॉर्ड जोड़ना, हटाना और संशोधित करना मुश्किल है।

सत्य।

बी] झूठा।

प्रश्न 29. एक्सेस 2007 की "फॉर्म विजार्ड" सुविधा फॉर्म को डिजाइन करना बहुत आसान बनाती है।

ए] सच।

बी] झूठा।

प्रश्न 30. जब आप कोई डेटाबेस खोलते हैं या एक नया डेटाबेस बनाते हैं, तो आपके डेटाबेस के नाम ऐसी तालिकाओं को ऑब्जेक्ट करते हैं। प्रपत्र और रिपोर्ट नेविगेशन फलक में दिखाई देते हैं।

ए] सच।

बी] झूठा।

प्रश्न 31. चार्ट ऊर्ध्वाधर स्तंभों से बने होते हैं] जिन्हें फ़ील्ड कहा जाता है। और क्षैतिज पंक्तियाँ] रिकॉर्ड कहलाती हैं।

सत्य।

बी] झूठा।

प्रश्न 32. आप कुछ एमएस एक्सेस सुविधाओं का उपयोग करके जल्दी से रिपोर्ट तैयार कर सकते हैं।

ए] सच।

बी] झूठा।

Q.33."............" वे विंडो हैं जिन्हें आप तालिका में जानकारी को आसानी से देखने या बदलने के लिए बनाते और व्यवस्थित करते हैं।

मेज़।

बी] प्रश्न।

सी] रिपोर्ट।

डी] फॉर्म।

प्रश्न 34. "............" कुछ शर्तों या आवश्यकताओं को पूरा करने में आसान डेटा को प्रतिबंधित करता है।

ए] सत्यापन पाठ।

बी] डिफ़ॉल्ट मान।

सी] सत्यापननियम।

डी] प्रारूप।

प्रश्न 35. प्रपत्र आपको एक ही या सभी सूचनाओं को एक तालिका में मुद्रित करने में मदद करते हैं।

सत्य।

बी] झूठा।

प्रश्न 36. "..........." डेटा प्रकार का उपयोग टेक्स्ट को स्टोर करने के लिए किया जाता है जो टेक्स्ट फ़ील्ड में संग्रहीत होने के लिए बहुत लंबा है।

पाठ।

बी] संख्या।

सी] मेमो।

डी] मुद्रा।

प्रश्न 37. फ़ील्ड का वर्णन करने के लिए "विवरण" टेक्स्ट बॉक्स का उपयोग किया जाता है।

ए] सच।

बी] झूठा।

प्रश्न 38. "..........." उपयोगकर्ता के लिए डेटा दर्ज करने के लिए फ़ील्ड कैप्शन या संकेत निर्दिष्ट करता है।

ए] प्रारूप।

बी] इनपुट मास्क।

सी] कैप्शन।

डी] क्षेत्र का आकार।

प्रश्न 39. "फ़ॉर्म विज़ार्ड" एक फ़ॉर्म बनाने के लिए आवश्यक चरणों के माध्यम से आपका मार्गदर्शन करता है।

ए] सच।

बी] झूठा।

प्र.40. फ़ील्ड नाम किसी फ़ील्ड में संग्रहीत डेटा की पहचान करना है।

ए] सच।

बी] झूठा।

प्रश्न 41. एक डिफ़ॉल्ट मान एक अभिव्यक्ति है जो स्वीकार्य मानों को परिभाषित करता है।

सत्य।

बी] झूठा।

प्रश्न 42. प्रत्येक पंक्ति एक फ़ील्ड है जिसमें किसी व्यक्ति, चीज़ या स्थान के बारे में सभी जानकारी होती है।

सत्य।

बी] झूठा।

प्रश्न 43. एक प्राथमिक कुंजी होनी चाहिए

ए] अद्वितीय लेकिन परमिट शून्य।

बी] अद्वितीयऔरशून्यनहीं।

सी] गैर-अद्वितीय और शून्य नहीं।

डी] गैर-अद्वितीय और परमिट शून्य।

प्रश्न 44. निम्नलिखित में से कौन से कार्य DBA द्वारा निष्पादित किए जाते हैं?

ए] डेटाबेस डिजाइन।

बी] सिस्टम सुरक्षा।

सी] बैकअप और रिकवरी।

डी] <u>उपरोक्तसभी।</u>

प्रश्न 45. "............" एक संबंध डेटाबेस प्रबंधन अनुप्रयोग है जिसका उपयोग डेटाबेस बनाने और विश्लेषण करने के लिए किया जाता है।

ए] वर्ड 2007।

बी] <u>एक्सेस 2007।</u>

सी] सिस्टम सुरक्षा।

डी] पावरपॉइंट 2007।

प्रश्न 46. आप विभिन्न प्रकार की सूचनाओं को संग्रहीत करने के लिए जितनी चाहें उतनी तालिकाएँ बना सकते हैं।

ए] <u>सच।</u>

बी] झूठा।

प्रश्न 47. ए "............" आपकी तालिका में एक फ़ील्ड या फ़ील्ड का सेट है जो प्रत्येक रिकॉर्ड के लिए एक अद्वितीय पहचानकर्ता के साथ एक्सेस प्रदान करता है।

ए] पासवर्ड।

बी] विशेष कोड।

सी] <u>प्राथमिककुंजी।</u>

डी] अद्वितीय कोड।

प्रश्न 48. फोटो को फाइल के रूप में डाला जा सकता है।

सत्य।

बी] <u>झूठा।</u>

प्रश्न 49. आप तालिका में डेटा का विश्लेषण कर सकते हैं और डेटा के विभिन्न क्षेत्रों पर गणना कर सकते हैं।

ए] <u>सच।</u>

बी] झूठा।

प्रश्न 50. डेटा को फॉर्मेट करना अक्सर कुछ विशेष जानकारी को जल्दी से खोजने में मदद करता है।

सत्य।

बी] <u>झूठा।</u>

प्रश्न 51. डेटाबेस को परिभाषित करने का पहला चरण क्या है।

ए] डेटाबेस डिजाइन करना।

बी] डेटा का संग्रह।

सी] अपनेडेटाबेसकीयोजनाबनाना।

डी] अपने डेटा को डिजिटाइज़ करना।

प्र.52. जब आप तालिका को प्रिंट पूर्वावलोकन मोड में देखते हैं तो "प्रिंट पूर्वावलोकन" टैब दिखाई देता है।

ए] सच।

बी] झूठा।

प्रश्न 53. डेटाशीट व्यू का उपयोग सभी प्रकार के डेटाबेस ऑब्जेक्ट्स जैसे टेबल, फॉर्म, क्वेरी और रिपोर्ट के डिज़ाइन को बनाने और देखने के लिए किया जा सकता है।

सत्य।

बी] झूठा।

प्रश्न 54. डीबीएमएस का अर्थ है.................

ए] डेटाबेसप्रबंधनप्रणाली।

बी] डोमेन प्रबंधन प्रणाली।

सी] डोमेन प्रबंधन सर्वर।

डी] डोमेन प्रबंधन शैली।

प्रश्न 55. एक्सेस यह भी सुनिश्चित करता है कि प्रत्येक रिकॉर्ड में एक गैर-रिक्त प्राथमिक कुंजी फ़ील्ड हो, और यह हमेशा अद्वितीय हो।

ए] सच।

बी] झूठा।

प्रश्न 56. "सत्यापन नियम" डेटा प्रविष्टि के समय फ़ील्ड के लिए स्वचालित रूप से फ़ील्ड n होने के लिए एक डिफ़ॉल्ट मान निर्दिष्ट करता है।

सत्य।

बी] झूठा।

प्रश्न 57. डिज़ाइन दृश्य तालिकाओं, प्रपत्रों और प्रश्नों में डेटा की एक पंक्ति और स्तंभ दृश्य प्रदान करता है।

सत्य।

बी] झूठा।

प्र.58 आप टेक्स्ट फील्ड में अधिकतम विशेषता दर्ज कर सकते हैं।

ए] 375

बी] 125

सी] 235

डी] <u>255</u>

प्रश्न 1. नेटस्केप नेविगेटर एक प्रकार का ....

ए] उपयोगिता कार्यक्रम।

बी] ऑपरेटिंग सिस्टम।

सी] <u>ब्राउजर।</u>

डी] वेब संलेखन कार्यक्रम।

प्रश्न 2. जब आप "http://www.mkcl.org" जैसा पता टाइप करते हैं, तो इसमें .org इंगित करता है।

ए] <u>मूलवेबसाइट।</u>

बी] वाणिज्यिक वेब साइट।

सी] संगठनात्मक वेब साइट।

डी] शैक्षिक वेब साइट।

प्रश्न 3. आप .... और .... का उपयोग करके किसी विशिष्ट विषय के लिए वर्ल्ड वाइड वेब पर खोज कर सकते हैं।

ए] गोफर, फिडो।

बी] स्कैनर, सर्च इंजन।

सी] <u>सर्चइंजन, इंडेक्स।</u>

डी ब्राउज़र्स, लार्कर्स।

प्रश्न 4. एक। इंटरनेट पर सूचना और संदेश कैसे भेजे जाते हैं, इसके लिए .... नियमों का एक समूह है।

ए] <u>प्रोटोकॉल।</u>

बी] आईएसपी।

सी] एप्लेट।

डी] एचटीएमएल हाइपर टेक्स्ट मार्कअप लैंग्वेज।

प्रश्न 5. विशिष्ट विषय के बारे में इंटरनेट पर चर्चा के रूप में जाना जाता है एक ख़बर।

बी] <u>समाचारसमूह।</u>

सी] वेरोनिका।

डी] टेलनेट।

प्रश्न 6. निम्न में से कौन सा प्रोटोकॉल का प्रकार नहीं है?

ए] टीसीआई/आईपी

बी] <u>ASCII</u>

सी] इनमें से कोई नहीं।

डी] पीपीपी

प्रश्न 7. निम्न में से कौन सा प्रोटोकॉल का एक प्रकार है?

ए] ASCII

बी] राम

सी] <u>टीसीआई/आईपी</u>

डी] डीबीए

प्रश्न 8. ई-मेल संदेश के तीन भाग हैं:

ए] टीसीपी/आईपी, डोमेन और आईएसपी।

बी] गंतव्य, डिवाइस और प्रेषक।

सी] <u>हैडर, संदेशऔरहस्ताक्षर।</u>

डी] टीसीपी, आईपी और संदेश।

प्र.9. पूरी दुनिया में कई कंप्यूटरों को जोड़ने वाला नेटवर्क है?

ए] इंट्रानेट।

बी] <u>इंटरनेट।</u>

सी] अर्पानेट।

डी] नेटवर्क।

प्र.10. निम्न में से कौन एक ब्राउज़र है।

एक वेबसाइट।

बी] माइक्रोसॉफ्ट।

सी] <u>इंटरनेटएक्सप्लोरर।</u>

डी] www.

प्रश्न 11. DNS शब्द का अर्थ है।

ए] डेटा नामकरण प्रणाली।

बी] डू नेम सिस्टम।

सी] <u>डोमेननामप्रणाली।</u>

डी] डुप्लीकेट नाम प्रणाली।

प्रश्न 12. प्रत्येक उपयोगकर्ता के लिए इंटरनेट ई-मेल पता .... है।

ए] <u>अद्वितीय।</u>

बी] वही।

सी] आम।

डी] इनमें से कोई नहीं।

प्रश्न 13. किसी भी वेबसाइट को नेविगेट करने के लिए, उपयोगकर्ता को दर्ज करना होगा

ए] <u>यूआरएल।</u>

बी] www.

सी] पीपीपी।

डी] इनमें से कोई नहीं।

प्रश्न 14. ई-कॉमर्स का फुल फॉर्म क्या है?

ए] अंग्रेजी वाणिज्य।

बी] इलेक्ट्रॉनिकवाणिज्य।

सी] इलेक्ट्रिक कॉमर्स।

डी] तत्व वाणिज्य।

प्र.15. किसी ऐसे व्यक्ति को ई-मेल भेजने के लिए जिसकी आपको आवश्यकता है

....

ए] निवासी पता।

बी] इंटरनेटकनेक्टिविटी।

सी] फैक्स पता।

डी] इनमें से कोई नहीं।

प्रश्न 16. वेब पेज देखने के लिए .... का उपयोग किया जाता है।

ए] इनबॉक्स।

बी] रीसायकल बिन।

सी] इंटरनेटएक्सप्लोरर।

डी] नेटवर्क पड़ोस।

प्रश्न 17. यूआरएल का फुल फॉर्म

ए] यूनिवर्सल रिसोर्स लोकेटर।

बी] यूनिफॉर्मरिसोर्सलोकेटर।

सी] यूनी रिसोर्स लोकेटर।

डी] इनमें से कोई नहीं।

प्रश्न 18. मोडेम सीडी से डेटा को हार्ड डिस्क में बदलता है।

सत्य।

बी] झूठा।

प्र.19. निम्न में से कौन एक सर्च इंजन है।

ए] गूगल।

बी] अल्टा विस्टा।

सी] याहू।

डी] येसभी।

प्र.20. ई-कॉमर्स से क्या तात्पर्य है?

ए] ऑनलाइनबिक्री, खरीद, खाताप्रबंधनआदि।

बी] विषय वाणिज्य धारा।

सी] वाणिज्यिक समस्या से निपटने के लिए इलेक्ट्रॉनिक उपकरण।

D] उपरोक्त सभी।

प्रश्न 21. . एक्सटेंशन .gov, .edu, .mil, और .net कहलाते हैं।

ए] डीएनएस।

बी] ई-मेल लक्ष्य।

सी] डोमेनकोड।

डी] पते पर मेल करें।

प्रश्न 22. वेब स्पाइडर और क्रॉलर इसके उदाहरण हैं

ए] ब्राउज़र।

बी] खोजइंजन।

सी] एचटीएमएल प्रोग्राम।

डी] लपटें।

प्रश्न 23. एक यूआरएल क्या है?

ए] वर्ल्ड वाइड वेब को क्रूज करने के लिए इस्तेमाल किया जाने वाला एक सॉफ्टवेयर पैकेज..

बी] वर्ल्डवाइडवेबपरएकसंसाधनकापता।

सी] एक आंतरिक विज़ार्ड का वर्णन करने के लिए इस्तेमाल की जाने वाली शर्तें।

डी] एक लाइव चैट प्रोग्राम [असीमित वास्तविक समय भाषा।

प्रश्न 24. संक्षिप्त नाम "www।" के लिए खड़ा है।

ए] वर्ल्डवाइडवेब।

बी] वाइड वाइड वेब।

सी] विश्व चौड़ाई वेब।

डी] वेब के साथ दुनिया।

प्र.25. वेबसाइट जो उपयोगकर्ता को कीवर्ड पर डेटा खोजने की अनुमति देती है वह है:

ए] चैट इंजन।

बी] राउटर।

सी] वेब सर्वर।

डी] खोजइंजन।

प्रश्न 26. निम्नलिखित में से कौन सा वेब सर्च इंजन दुनिया भर में उपयोग किया जाता है?

ए] डोमेन।

बी] गूगल।

सी] टॉगल करें।

डी] इनमें से कोई नहीं।

प्रश्न 27. जब आप किसी विषय को खोजने के लिए a(n) .... का उपयोग करते हैं, तो आपके द्वारा खोजी जाने वाली जानकारी को संरचना जैसे डेटाबेस में व्यवस्थित किया जाता है।

ए] <u>सर्चइंजन।</u>

बी] सूचकांक।

सी] मकड़ी।

डी] एप्लेट।

प्रश्न 28. निम्नलिखित में से कौन सा सिस्टम इलेक्ट्रॉनिक पत्र या संदेश व्यक्तियों या कंप्यूटरों के बीच भेजा जाता है।

ए] <u>ई-मेल।</u>

बी] ऑनलाइन सेवा।

सी] संसाधन साझा करें।

डी] वॉयस मेल मैसेजिंग।

प्रश्न 29. पसंदीदा सूची में वर्तमान वेब जोड़ने के लिए।

ए] <u>"पसंदीदा - पसंदीदामेंजोड़ें" परक्लिककरें।</u>

बी] "जोड़ें - पसंदीदा" पर क्लिक करें।

सी] "फ़ाइल - पसंदीदा" पर क्लिक करें।

डी] ये सभी।

प्रश्न 30. वेब के चारों ओर एक साइट से दूसरी साइट पर जाने को .... के रूप में जाना जाता है।

ए] लिंकिंग।

बी] <u>नेविगेटकरना।</u>

सी] होपिंग।

डी] पेजिंग।

प्रश्न 31. एक प्रोटोकॉल दो या दो से अधिक कंप्यूटरों के बीच सूचना प्रसारित करने के नियमों को परिभाषित करता है।

ए] <u>सच।</u>

बी] झूठा।

प्रश्न 32. इंटरनेट पर भेजी जाने वाली सूचनाओं को छोटे-छोटे टुकड़ों में बाँटा जाता है जिन्हें कहा जाता है।

ए] <u>पैकेट।</u>

बी] पीपीपी।

सी] ई-मेल फॉर्म।

डी] संदेश।

प्रश्न 33। PPP और SLIP जैसे प्रोटोकॉल के लिए उपयोग किया जाता है।

ए] डेटाट्रांसफर।

बी] डायलअप इंटरनेट कनेक्शन।

सी] डोमेन पंजीकरण।

डी] इनमें से कोई नहीं।

प्रश्न 34. .com .... प्रकार के संगठन की वेबसाइटों को इंगित करता है।

ए] वाणिज्यिक।

बी कॉम्पलेक्स।

सी] कंपनी।

डी] कार्गो।

प्रश्न 35. इंटरनेट पर किसी अन्य व्यक्ति के मेलबॉक्स में संदेश भेजना है

ए] ई-बिजनेस।

बी] ई-पत्र।

सी] ई-मेल।

डी] साइबर माली।

प्रश्न 1. यह एक प्रकार का व्यक्तिगत सूचना प्रबंधक है।

ए] एमएस वर्ड 2007

बी] एमएस एक्सेल 2007

सी] एमएस पावरपॉइंट 2007

डी] एमएसआउटलुक 2007

प्रश्न 2. आप स्प्रेडशीट, वर्ड प्रोसेसर दस्तावेज़ डेटाबेस, यहां तक कि ध्वनि रिकॉर्डिंग और ग्राफिक छवियों सहित ई-मेल में सभी प्रकार की फाइलें संलग्न कर सकते हैं।

ए] सच

बी] झूठा

प्रश्न 3. मेल बनाने के लिए, हम "नेविगेशन फलक में मेल" पर क्लिक करते हैं।

ए] सच

बी] झूठा

प्रश्न 4. आप मेल भेजने और प्राप्त करने के लिए "भेजें/प्राप्त करें" बटन का उपयोग करते हैं।

ए] सच।

बी] झूठा।

प्रश्न 5. यदि आप अपने कार्य वातावरण को वैयक्तिकृत करना चाहते हैं तो एक ऐसे उपकरण का उपयोग करना चाहते हैं जो आपके संपर्कों को व्यवस्थित करता है। अनुसूचियां आदि आप प्रयोग करेंगे।

ए] माइक्रोसॉफ्ट ऑफिस एक्सेल 2007

बी] माइक्रोसॉफ्ट ऑफिस पावरपॉइंट 2007

सी] माइक्रोसॉफ्टऑफिसआउटलुक 2007

डी] माइक्रोसॉफ्ट ऑफिस वर्ड 2007

प्रश्न 6. एमएस आउटलुक 2007 में एंट्री, जो 24 घंटे से अधिक समय तक खराब रहती है, कहलाती है

ए] घटना

बी] प्रदर्शनी

सी] मेल

डी] कैलेंडर

प्रश्न 7. मेल मसाज बनाना मेल को "कंसोलिडेटिंग" के रूप में भी जाना जाता है।

सत्य।

बी] झूठा।

प्रश्न 8. आउटलुक 2007 की सबसे महत्वपूर्ण विशेषता ई-मेल भेजना और प्राप्त करना है।

ए] सच।

बी] झूठा।

प्र.9. ए .... एमएस आउटलुक 2007 में उपयोग किया जाने वाला एक वर्णनात्मक कीबोर्ड या वाक्यांश है जिसमें आप संबंधित आइटम असाइन कर सकते हैं।

ए] श्रेणी

बी] मेल

सी] नोट्स

डी] प्वाइंट

प्र.10. सॉर्टिंग कार्य आरोही क्रम में वस्तुओं को पुनर्व्यवस्थित करने की प्रक्रिया है।

ए] सच।

बी] झूठा।

प्रश्न 11. "नोटबुक" एक इलेक्ट्रॉनिक पुस्तक है। जिसमें उन सभी लोगों की विस्तृत जानकारी शामिल है जिनके साथ आप संवाद करते हैं।

सत्य।

बी] झूठा।

प्रश्न 12. ...... अलग बाहरी फाइलें हैं जो आपके साथ ई-मेल संदेश के साथ हैं।

ए] अनुलग्नक

बी] विकल्प

सी] ई-मेल

डी] पार्सल

प्रश्न 13. एक कार्य एक व्यक्तिगत कार्य से संबंधित क्रिया आइटम है।

ए] <u>सच</u>।

बी] झूठा।

प्रश्न 14. "तत्काल खोज" सुविधा आपको Microsoft Office Outlook 2007 में शीघ्रता से आइटम ढूँढ़ने में मदद करती है।

ए] <u>सच</u>।

बी] झूठा।

प्र.15. एमएस आउटलुक 2007 में आप किसी भी समय कार्यों की स्थिति को अपडेट कर सकते हैं और निर्दिष्ट कर सकते हैं और प्रतिशत पूरा कर सकते हैं।

ए] <u>सच</u>।

बी] झूठा।

प्रश्न 16. यदि आप "BCC" का उपयोग करके प्राप्तकर्ता का नाम जोड़ते हैं तो वह नाम संदेश के अन्य प्राप्तकर्ताओं के लिए दृश्यमान नहीं होता है।

ए] <u>सच</u>।

बी] झूठा।

प्रश्न 17. जब आप Microsoft Outlook 2007 प्रारंभ करते हैं। आपको प्राप्त होने वाले सभी मेल डिफ़ॉल्ट रूप से आपके "इनबॉक्स" फ़ोल्डर में जमा हो जाते हैं।

ए] <u>सच</u>।

बी] झूठा।

प्रश्न 18. एक बार जब हम एक महत्वपूर्ण मेल के बगल में ध्वज चिन्ह पर क्लिक करते हैं तो यह टू डू बार में जुड़ जाता है।

ए] <u>सच</u>।

बी] झूठा।

प्र.19. आपको अपने संपर्कों को एक फ़ाइल में सहेजने की आवश्यकता हो सकती है, ताकि भविष्य में उपयोग के लिए उपलब्ध हों। यह कहा जाता है.................

ए] "बचत"

बी] "आयात"

सी] <u>"निर्यात"</u>

डी] "निकालना"

प्र.20. एक मेलिंग सूची संपर्कों का एक संग्रह है।

ए] <u>सच</u>।

बी] झूठा।

प्रश्न 21. उस मेल को फॉरवर्ड करने के लिए जो आपको प्राप्त हुआ है, इनबॉक्स से मेल पर क्लिक करें और फिर "फॉरवर्ड" बटन पर क्लिक करें।

ए] सच।

बी] झूठा।

प्रश्न 22. "नोट्स" पेपर नोट्स का एक इलेक्ट्रॉनिक संस्करण है जिसका उपयोग आप त्वरित अनुस्मारक नीचे जाने के लिए करते हैं।

ए] सच

बी] झूठा

प्रश्न 23. यदि आप "Cc" का उपयोग करके प्राप्तकर्ता का नाम जोड़ते हैं, तो नाम संदेश के अन्य प्राप्तकर्ताओं को दिखाई नहीं देता है।

सत्य।

बी] झूठा।

प्रश्न 24. जब आप Microsoft Outlook 2007 खोलते हैं, तो आपको बाईं ओर एक नेविगेशन फलक दिखाई देगा। जिसमें मेल, कैलेंडर और कॉन्टैक्ट्स आदि कैटेफरीज शामिल हैं?

ए] सच।

बी] झूठा।

प्र.25. एमएस आउटलुक 2007 में टास्क टाइमलाइन व्यू में। कार्यों को उनकी नियत तिथियों के अनुसार व्यवस्थित किया जाता है।

ए] सच।

बी] झूठा।

प्रश्न 26. "श्रेणियों" को छाँटना वस्तुओं को आरोही या अवरोही क्रम में पुनर्व्यवस्थित करने की प्रक्रिया है।

सत्य।

बी] झूठा।

प्रश्न 27. एमएस आउटलुक 2007 में आप अपनी मेलिंग सूची में विभिन्न पुस्तकों के संपर्क जोड़ सकते हैं।

ए] सच।

बी] झूठा।

प्रश्न 28. जब आप अपने मित्र या किसी अन्य व्यक्ति को प्राप्त हुई जानकारी को संप्रेषित करने के लिए गए तो आप उस मेल को .... दे सकते हैं जो आपको प्राप्त हुआ है।

एक हिस्सा"

बी] "दे"

सी] "भेजें"

डी] "फॉरवर्ड"

प्रश्न 29. "Cc" का अर्थ कार्बन कॉपी और "Bcc" का अर्थ ब्लाइंड कार्बन कॉपी है।

ए] सच।

बी] झूठा।

प्रश्न 30. .... एक इलेक्ट्रॉनिक पुस्तक है, जिसमें उन सभी लोगों की विस्तृत जानकारी शामिल है जिनके साथ आप संवाद करते हैं।

ए] पतापुस्तिका

बी] कैलेंडर

सी] टास्क

डी] नोटबुक

प्रश्न 31. आप तुरंत एक अनुवर्ती आइटम बनाने के लिए ध्वज का उपयोग कर सकते हैं जिसे टू-डू-बार में, आपके इनबॉक्स में और यहां तक कि कैलेंडर में भी ट्रैक किया जा सकता है।

ए] सच।

बी] झूठा।

प्रश्न 32. आप एमएस आउटलुक 2007 में अपने कार्यों को विषय के अनुसार "व्यू अरेंज बाय सब्जेक्ट" का चयन करके सॉर्ट कर सकते हैं।

ए] सच।

बी] झूठा।

प्रश्न 33। जब आप Microsoft Outlook 2007 प्रारंभ करते हैं, तो आपको प्राप्त होने वाले सभी मेल डिफ़ॉल्ट रूप से आपके "ड्राफ़्ट" फ़ोल्डर में जमा हो जाते हैं।

सत्य।

बी] झूठा।

प्रश्न 1. जब एक वेब साइट विकसित की जाती है; विभिन्न परस्पर जुड़ी फाइलों को एक साथ समूहीकृत किया जाता है। यह किस सुविधा का उपयोग करके हासिल किया जाता है।

ए] हाइपरटेक्स्ट।

बी] हाइपरलिंक।

सी] नेटवर्क।

डी] इनमें से कोई नहीं।

प्रश्न 2. इंटरनेट में संक्षिप्त नाम "www" का क्या अर्थ है:

ए] वर्ल्डवाइडवेब।

बी] वाइड वाइड वेब।

सी] विश्व चौड़ाई वेब।

डी] वेब के साथ दुनिया।

प्रश्न 3. .... सबसे तेजी से बढ़ते इंटरनेट अनुप्रयोगों में से एक है।

ए] ई-मेल।

बी] खरीदारी।

सी] निवेश।

डी] वाणिज्य।

प्रश्न 4. वर्ल्ड वाइड वेब के लिए एनिमेशन और गेम लिखने के लिए उपयोग की जाने वाली नई कंप्यूटर भाषा .... है।

ए] जावा।

बी] सी.

सी] सी ++।

डी] एचटीएमएल।

प्रश्न 5. .... मेलिंग सूचियाँ समाचार समूह और चैट समूह शामिल करें।

ए] चर्चासमूह।

बी] इंटरनेट समूह।

सी] आईपी समूह।

डी] ये सभी।

प्रश्न 6. निम्न में से कौन एक सर्च इंजन है।

ए] गूगल।

बी] अल्टा विस्टा।

सी] याहू।

डी] येसभी।

प्रश्न 7. निर्देशिका खोज को अनुक्रमणिका खोज के रूप में भी जाना जाता है।

ए] सच।

बी] झूठा।

प्रश्न 8. आईआरसी में, आर का अर्थ है:

ए] रियल।

बी] रिले।

सी] रिकॉर्ड।

डी] यादृच्छिक।

प्र.9. एप्लेट्स .... भाषा में लिखे गए विशेष प्रोग्राम हैं।

ए] जावा।

बी] एचटीएमएल।

सी] एचटीटीपी।

डी] इनमें से कोई नहीं।

प्र.10. ई-मेल में निम्नलिखित सभी मूल तत्व शामिल हैं सिवाय।

ए] हैडर।

बी] फुटर।

सी] संदेश।

डी] हस्ताक्षर।

प्रश्न 11. त्वरित संदेश आपको अनुमति देता है

ए] ई-मेलसंदेशभेजें।

बी] डेटा साझा करना।

सी] आपके संदेशों का त्वरित उत्तर।

डी] वास्तविक समय में होने वाली बातचीत में एक साथ कई लोगों के साथ संवाद करने के लिए।

प्रश्न 12.] जब आप a] n का उपयोग करते हैं। किसी विषय को खोजने के लिए .... आपके द्वारा खोजी गई जानकारी को डेटाबेस जैसी संरचना में व्यवस्थित किया जाता है।

ए] खोजइंजन।

बी] सूचकांक।

सी] मकड़ी।

डी] एप्लेट।

प्रश्न 13. एक्सटेंशन .gov, .edu, .mil, और .net कहलाते हैं।

ए] डीएनएस।

बी] ई-मेल लक्ष्य।

सी] डोमेनकोड।

डी] पते पर मेल करें।

प्रश्न 14.] वेब स्पाइडर को सर्च इंजन के रूप में भी जाना जाता है।

सत्य।

बी] झूठा।

Q.15.B2c, C2C और B2B .... के प्रकार हैं

ए] ई-मेल।

बी] ई-कॉमर्स।

सी] ई-नकद।

डी] ये सभी।

प्रश्न 16. किसी भी वेबसाइट को नेविगेट करने के लिए यूजर को एंटर करना होता है।

ए] यूआरएल।

बी] www.

सी] पीपीपी।

डी] इनमें से कोई नहीं।

प्रश्न 17. वेब स्पाइडर और क्रॉलर इसके उदाहरण हैं

ए] ब्राउज़र।

बी] खोजइंजन।

सी] एचटीएमएल प्रोग्राम।

डी] लपटें।

प्रश्न 18. .com .... प्रकार के संगठन की वेबसाइट को दर्शाता है।

ए] वाणिज्य।

बी कॉम्पलेक्स।

सी] कंपनी।

डी] कार्गो।

Q.19.ISP का मतलब है।

ए] आंतरिक सेवा योजना।

बी] इंटरनेट सेवा योजना।

सी] इंटीग्रल सर्विस प्लान।

डी] इंटरनेटसेवाप्रदाता।

Q.20............ ऐसे प्रोग्राम हैं जो वेब संसाधनों तक पहुंच प्रदान करते हैं।

ए] ब्राउजर।

बी] खोज इंजन।

सी] कार्यक्रम।

डी] ये सभी।

प्रश्न 21. वर्ल्ड वाइड इस्तेमाल किया जाने वाला वेब सर्च इंजन कौन सा है?

ए] डोमेन।

बी] गूगल।

सी] टॉगल करें।

डी] ये सभी।

प्रश्न 22. विशिष्ट के बारे में इंटरनेट पर चर्चा को के रूप में जाना जाता है

एक ख़बर।

बी] समाचारसमूह।

सी] वेरोनिका।

डी] टेलनेट।

प्रश्न 23. URL से पूर्ण

ए] यूनिवर्सल रिसोर्स लोकेटर।

बी] यूनिफॉर्मरिसोर्सलोकेटर।

सी] यूनी रिसोर्स लोकेटर।

डी] इनमें से कोई नहीं।

प्रश्न 24. .... जावा में लिखे गए विशेष प्रोग्राम हैं।

ए] जावा प्रोग्राम।

बी] एप्लेट्स।

सी] परियोजनाएं।

डी] इनमें से कोई नहीं।

प्र.25. एफ़टीपी का मतलब है।

ए] फील्ड ट्रांसफर प्रोजेक्ट।

बी] फ़ाइल स्थानांतरण परियोजना।

सी] फाइलट्रांसफरप्रोटोकॉल।

डी] इनमें से कोई नहीं।

प्रश्न 26. प्लग-इन ऐसे प्रोग्राम हैं जो ब्राउज़र के एक भाग के रूप में स्वचालित रूप से प्रारंभ और संचालित होते हैं।

ए] सच।

बी] झूठा।

प्रश्न 27. कीवर्ड सर्च को इंडेक्स सर्च के नाम से भी जाना जाता है।

सत्य।

बी] झूठा।

प्रश्न 28. जब आप इसमें "http://www.mkcl.org" जैसा एड्रेस टाइप करते हैं। संगठन इंगित करता है कि यह एक है

ए] मूल वेब साइट।

बी] वाणिज्यिक वेब साइट।

सी] संगठनात्मकवेबसाइट।

डी] शैक्षिक वेब साइट।

प्रश्न 29. आप .... और .... का उपयोग करके किसी विशिष्ट विषय के लिए वर्ल्ड वाइड वेब पर खोज कर सकते हैं।

ए] गोफर, फिडोस।

बी] स्कैनर्स, सर्च इंजन।

सी] सर्चइंजन, इंडेक्स।

डी] ब्राउज़र, ल्यूकर्स।

प्रश्न 30. मेलिंग सूचियाँ सदस्यों को सूची पते पर संदेश भेजकर संवाद करने की अनुमति देती हैं।

ए] सच।

बी] झूठा।

प्रश्न 31. एक लोकप्रिय चैट सेवा कहलाती है -

ए] इंटरनेट रिलीज चैट।

बी] इंटरनेट अनुरोध चैट।

सी] इंटरनेट संसाधन चैट।

डी] इंटरनेटरिलेचैट।

प्रश्न 32. एप्लेट बनाने के लिए इस्तेमाल की जाने वाली प्रोग्रामिंग भाषा को जावा कहा जाता है।

ए] सच।

बी] झूठा।

प्रश्न 33। जब आप a] n का उपयोग करते हैं। .... किसी विषय को खोजने के लिए, आपके द्वारा खोजी जाने वाली जानकारी को डेटाबेस जैसी संरचना में व्यवस्थित किया जाता है।

ए] सर्चइंजन।

बी] सूचकांक।

सी] मकड़ी।

डी] एप्लेट।

प्रश्न 34. डॉट के बाद डोमेन नेम के आखिरी हिस्से को .... कहा जाता है।

ए] डोमेनकोड।

बी] ई-मेल लक्ष्य।

सी] डीएनएस।

डी] पते पर मेल करें।

प्रश्न 35. वेब पेज डिजाइन करते समय निम्नलिखित स्क्रिप्ट भाषा का उपयोग किया जाता है।

ए] हाइपरटेक्स्टमार्क-अपलैंग्वेज।

बी] हाइपर लिंक मार्क-अप लैंग्वेज।

सी] हाइपर टेक्स्ट वेब लैंग्वेज।

डी] इनमें से कोई नहीं।

प्रश्न 36. ई-मेल क्या है?

ए] इंजीनियरिंग मेलिंग।

बी] इंटरनेट मेलिंग।

सी] इलेक्ट्रॉनिकमेलिंग।

D। उपरोक्त सभी।

प्रश्न 37. आईएम का मतलब .... है।

ए] तत्काल बनाना।

बी] आंतरिक संदेश।

सी] त्वरितसंदेश।

डी] इनमें से कोई नहीं।

Q.38.Microsoft का इंटरनेट एक्सप्लोरर व्यापक रूप से उपयोग किया जाने वाला ब्राउज़र है।

ए] सच।

बी] झूठा।

प्रश्न 39. निर्देशिका खोज को के रूप में भी जाना जाता है

ए] प्रत्यक्ष खोज।

बी] अद्वितीय खोज।

सी] सूचकांकखोज।

डी] ये सभी।

प्र.40. यूआरएल क्या है

ए] वर्ल्ड वाइड वेब को क्रूज करने के लिए इस्तेमाल किया जाने वाला एक सॉफ्टवेयर पैकेज।

बी] वर्ल्डवाइडवेबपरससंसाधनकापता।

सी] एक इंटरनेट विज़ार्ड का वर्णन करने के लिए इस्तेमाल किया जाने वाला शब्द।

डी] असीमित वास्तविक समय भाषा।

प्रश्न 41. नेटस्केप नेविगेटर एक प्रकार का ....

ए] उपयोगिता कार्यक्रम।

बी] ऑपरेटिंग सिस्टम।

सी] ब्राउज़र।

डी] वेब संलेखन कार्यक्रम।

Q.1........... प्रोग्राम जो आपके कंप्यूटर सिस्टम को वायरस या अन्य हानिकारक प्रोग्रामों से बचाते हैं।

एक बैकअप।

बी] एंटीवायरस।

सी] अनइंस्टॉल करें।

डी] इनमें से कोई नहीं।

प्रश्न 2. एक समय में एक से अधिक एप्लिकेशन चलाने के लिए ऑपरेटिंग सिस्टम की क्षमता में मल्टीटास्किंग।

ए] सच।

बी] झूठा।

प्रश्न 3. .... एक उपयोगिता कार्यक्रम है जो अनावश्यक टुकड़ों का पता लगाता है और हटाता है और संचालन को अनुकूलित करने के लिए फाइलों और अप्रयुक्त डिस्क स्थान को पुनर्व्यवस्थित करता है।

एक बैकअप।

बी] डिस्कडीफ्रेग्मेंटर।

सी] अनइंस्टॉल करें।

डी] ये सभी।

प्रश्न 4. अनइंस्टॉल प्रोग्राम कंप्यूटर की हार्ड डिस्क में स्थापित अनावश्यक प्रोग्रामों को हटाने में सक्षम बनाता है।

ए] सच।

बी] झूठा।

प्रश्न 5. बैकअप प्रोग्राम मूल फाइलों के क्षतिग्रस्त या खो जाने की स्थिति में उपयोग की जाने वाली फाइलों की प्रतियां बनाते हैं।

ए] सच।

बी] झूठा।

Q.6........... ऑपरेटिंग सिस्टम की एक समय में एक से अधिक एप्लिकेशन चलाने की क्षमता है।

ए] बूटिंग।

बी] मुकाबला।

सी] चिपकाना।

डी] मल्टीटास्किंग।

Q.7........... का उपयोग डेटा और प्रोग्राम को स्टोर करने के लिए किया जाता है।

एक फोल्डर।

बी] फ़ाइल।

सी] रीसायकल बिन।

डी] इनमें से कोई नहीं।

प्रश्न 8. A........... एक कनेक्टिंग रिंग है।

ए] ट्रैक।

बी] क्षेत्र।

सी] गोल।

डी] इनमें से कोई नहीं।

Q.9. ऑपरेटिंग सिस्टम यूजर इंटरफेस प्रदान करता है, कंप्यूटर संसाधनों को नियंत्रित करता है, और प्रोग्राम चलाता है।

ए] सच।

बी] झूठा।

प्र.10. प्रत्येक ट्रैक को पच्चर के आकार के वर्गों में विभाजित किया जाता है जिन्हें .... कहा जाता है।

एक रास्ता।

बी] क्षेत्र।

सी] गोल।

डी] इनमें से कोई नहीं।

Q.11........... को सेवा कार्यक्रम के रूप में भी जाना जाता है।

ए] ओएस।

बी] डिवाइस ड्राइवर्स।

सी] उपयोगिताएँ।

डी] ये सभी।

प्रश्न 12. सॉफ़्टवेयर का प्रकार जिसे "अंतिम उपयोगकर्ता" सॉफ़्टवेयर के रूप में वर्णित किया जा सकता है।

ए] डॉस।

बी] सिस्टम सॉफ्टवेयर।

सी] एप्लीकेशनसॉफ्टवेयर।

डी] ऑपरेटिंग सॉफ्टवेयर।

Q.13.GUI का अर्थ है

ए] ग्राफिकलयूजरइंटरफेस।

बी] ग्रेटर यूजर इंटरफेस।

सी] ग्राफिकल यूनियन इंटरफेस।

डी] ग्राफिकल यूजर इंटरफेस।

प्रश्न 14. इनमें से किस ऑपरेटिंग सिस्टम में ग्राफिकल यूजर इंटरफेस नहीं है?

ए] विंडोज 95।

बी] मैक ओएस।

सी] लिनक्स।

डी] एमएसडॉस।

प्र.15. भाषा अनुवादक प्रोग्रामर द्वारा लिखे गए प्रोग्रामिंग निर्देशों को एक ऐसी भाषा में परिवर्तित करते हैं जिसे कंप्यूटर समझता है और संसाधित करता है।

ए] सच।

बी] झूठा।

Q.16........... कई अलग-अलग समस्या निवारण उपयोगिताओं का एक संग्रह है।

एक बैकअप।

बी] नॉर्टनयूटिलिटीज।

सी] अनइंस्टॉल करें।

D] उपरोक्त सभी।

प्रश्न 17. .... यूजर इंटरफेस प्रदान करता है, कंप्यूटर संसाधनों को नियंत्रित करता है, और प्रोग्राम चलाता है।

ए] ड्राइवर।

बी] ऑपरेटिंगसिस्टम।

सी] डेस्कटॉप।

डी] इनमें से कोई नहीं।

Q.18............ उपयोगिता हार्ड डिस्क पर गैर-आवश्यक फाइलों की पहचान करती है और उन्हें तभी मिटाती है जब उपयोगकर्ता उनके मिटाने की अनुमति देता है।

ए] प्रोग्राम को अनइंस्टॉल करें।

बी] बैकअप।

सी] फ़ाइल संपीड़न।

डी] डिस्कक्लीनअप।

प्र.19. निम्नलिखित में से कौन-सा ऑपरेटिंग सिस्टम का कार्य है।

ए] प्रबंधन संसाधन।

बी] चल रहे अनुप्रयोग।

सी] यूजर इंटरफेस प्रदान करना।

डी] उपरोक्तसभी।

प्र.20. .... ग्राफिकल ऑब्जेक्ट हैं जिनका उपयोग आमतौर पर उपयोग किए जाने वाले अनुप्रयोगों का प्रतिनिधित्व करने के लिए किया जाता है।

ए] जीयूआई।

बी] ड्राइवर।

सी] विंडोज एनटी।

डी] प्रतीक।

प्रश्न 21. कंप्यूटर को स्टार्ट या रीस्टार्ट करना .... सिस्टम कहलाता है।

ए] बूटिंग।

बी] मुकाबला।

सी] चिपकाना।

डी] मल्टीटास्किंग।

प्रश्न 22. .... विशेष प्रोग्राम हैं जो विशेष इनपुट या आउटपुट डिवाइस को शेष कंप्यूटर सिस्टम के साथ संचार करने की अनुमति देते हैं।

ए] डिवाइसड्राइवर्स।

बी] उपयोगिताएँ।

सी] ओएस।

डी] इनमें से कोई नहीं।

प्रश्न 23. डिस्क डीफ़्रैग्मेंटर एक उपयोगिता प्रोग्राम है, जो अनावश्यक टुकड़ों का पता लगाता है और हटाता है और संचालन को अनुकूलित करने के लिए फ़ाइलों और अप्रयुक्त डिस्क स्थान को पुनर्व्यवस्थित करता है।

ए] सच।

बी] झूठा।

प्रश्न 24. .... आदेशों की एक सूची प्रदर्शित करता है जिसका उपयोग सूचना तक पहुंच प्राप्त करने, हार्डवेयर सेटिंग्स बदलने, में संग्रहीत जानकारी खोजने, ऑनलाइन सहायता प्राप्त करने और कंप्यूटर को बंद करने के लिए किया जा सकता है।

ए] जीयूआई।

बी] डेस्कटॉप।

सी] चिह्न।

डी] स्टार्टबटन।

प्र.25. निम्नलिखित में से कौन सा नेटवर्क ऑपरेटिंग सिस्टम का उदाहरण है?

ए] नेटवेयर।

बी] विंडोज एनटी सर्वर।

सी] विंडोज एक्सपी सर्वर।

डी] उपरोक्तसभी।

प्रश्न 26. उपयोगिताओं को सेवा कार्यक्रम के रूप में भी जाना जाता है

ए] सच।

बी] झूठा।

प्रश्न 27. कौन से प्रोग्राम फाइलों के आकार को कम कर देते हैं जिससे वे डिस्क पर कम जगह घेरते हैं।

एक बैकअप।

बी] डिस्कक्लीनअप।

सी] फ़ाइल संपीड़न।

डी] प्रोग्राम को अनइंस्टॉल करें।

प्रश्न 28. प्रत्येक ट्रैक को पच्चर के आकार के सेक्टरों में बांटा गया है।

ए] सच।

बी] झूठा।

प्रश्न 29. कंप्यूटर को स्टार्ट या रीस्टार्ट करना मल्टीटास्किंग सिस्टम कहलाता है।

सत्य।

बी] झूठा।

प्रश्न 30. .... प्रोग्रामर्स द्वारा लिखे गए प्रोग्रामिंग इंस्ट्रक्शन को एक ऐसी भाषा में कनवर्ट करें जिसे कंप्यूटर समझते हैं और प्रोसेस करते हैं।

ए] उपयोगिताएँ।

बी] डिवाइस ड्राइवर्स।

सी] भाषाअनुवादक।

डी] इनमें से कोई नहीं।

प्रश्न 31. सिस्टम सॉफ्टवेयर में निम्नलिखित को छोड़कर सभी शामिल हैं।

ए] ऑपरेटिंग सिस्टम।

बी] डिवाइस ड्राइवर्स।

सी] उपयोगिताएँ।

डी] डेस्कटॉपप्रकाशन।

प्रश्न 32. .... बैकग्राउंड सॉफ्टवेयर है जो कंप्यूटर को अपने आंतरिक संसाधनों का प्रबंधन करने में मदद करता है।

ए] सिस्टमसॉफ्टवेयर।

बी] सूचना।

सी] ऑब्जेक्ट्स।

डी] इनमें से कोई नहीं।

प्रश्न 33। ऑपरेटिंग सिस्टम ऐसे प्रोग्राम हैं जो संसाधन का प्रबंधन करते हैं, यूजर इंटरफेस प्रदान करते हैं और एप्लिकेशन चलाते हैं।

ए] सच।

बी] झूठा।

प्रश्न 34. कंप्यूटर को चालू करना या फिर से चालू करना सिस्टम को बूट करना कहलाता है।

ए] सच।

बी] झूठा।

प्रश्न 35. एंटीवायरस प्रोग्राम कंप्यूटर को वायरस प्रोग्राम के आक्रमण से बचाने के लिए होते हैं।

ए] सच।

बी] झूठा।

प्रश्न 36. अनइंस्टॉल प्रोग्राम शुरू होने पर अनावश्यक प्रोग्रामों को हटाने में सक्षम बनाता है

ए] सच।

बी] झूठा।

प्रश्न 37. समस्या निवारण प्रोग्राम हार्डवेयर और सॉफ्टवेयर दोनों समस्याओं को पहचानते हैं और जहाँ तक संभव हो उन्हें ठीक करने का प्रयास करते हैं।

ए] सच।

बी] झूठा।

प्रश्न 38. डिवाइस ड्राइवर विशेष प्रोग्राम हैं जो विशेष इनपुट या आउटपुट डिवाइस को बाकी कंप्यूटर सिस्टम के साथ संचार करने की अनुमति देते हैं।

ए] सच।

बी] झूठा।

प्रश्न 39. एंटीवायरस प्रोग्राम कंप्यूटर को वायरस प्रोग्राम के आक्रमण से बचाने के लिए होते हैं।

ए] सच।

बी] झूठा।

प्रश्न 1. माइक्रोप्रोसेसर में दो बुनियादी घटक होते हैं।

ए] नियंत्रण इकाई।

बी] अंकगणित तर्क इकाई।

सी] ये सभी।

डी] इनमेंसेकोईनहीं।

प्रश्न 2. निम्न में से कौन एक डाटा प्रोसेसिंग यूनिट है

ए] सीपीयू।

बी] रैम।

सी] हार्ड डिस्क।

डी] फ्लॉपी।

Q.3.फायर-वायर पोर्ट को हाई परफॉर्मेंस सीरियल बस HPSB भी कहा जाता है। पतन।

ए] सच।

बी] झूठा।

प्रश्न 4. कैश मेमोरी का उपयोग रैम से सबसे अधिक बार एक्सेस की गई जानकारी को स्टोर करने के लिए किया जाता है।

ए] सच।

बी] झूठा।

प्रश्न 5. RISC का मतलब है।

ए] कमनिर्देशकंप्यूटरसेटकरें।

बी] निर्देश सेट कंप्यूटर पढ़ें।

सी] निर्देश सॉफ्टवेयर कंप्यूटर को कम करें।

डी] इनमें से कोई नहीं।

प्रश्न 6. सभी सिस्टम कंप्यूटरों को जोड़ता है और इनपुट और आउटपुट डिवाइस को सिस्टम यूनिट के साथ संचार करने की अनुमति देता है।

ए] सिस्टमबोर्ड।

बी] मॉनिटर।

सी] माउस।

डी] इनमें से कोई नहीं।

प्रश्न 7. माइक्रोप्रोसेसर चिप्स के प्रकार हैं

ए] सीआईएससी चिप्स।

बी] आरआईएससी चिप्स।

सी] येसभी।

डी] इनमें से कोई नहीं।

प्रश्न 8. सीरियल पोर्ट के माध्यम से डेटा ट्रांसफर समानांतर पोर्ट की तुलना में तेज होता है।

सत्य।

बी] झूठा।

प्र.9. निम्नलिखित में से कौन सी प्राथमिक मेमोरी है?

ए] रैम।

बी] सीडी।

सी] फ्लॉपी।

डी] हार्ड डिस्क।

प्र.10. रैंडम एक्सेस मेमोरी] रैम। .... स्मृति का प्रकार है।

एक स्थायी।

बी] अस्थायी।

सी] फ्लैश।

डी] स्मार्ट।

प्रश्न 11. ASCII, EBCDIC और यूनिकोड एप्लीकेशन सॉफ्टवेयर के उदाहरण हैं।

सत्य।

बी] झूठा।

प्रश्न 12. आठ बिट्स एक काट बनाते हैं।

ए] सच।

बी] झूठा।

प्रश्न 13. एक माइक्रोप्रोसेसर सिस्टम में, सेंट्रल प्रोसेसिंग यूनिट सीपीयू या एक प्रोसेसर माइक्रोप्रोसेसर नामिक एक चिप पर समाहित होता है।

ए] सच।

बी] झूठा।

प्रश्न 14. CISC का मतलब है।

ए] कंप्यूटर निर्देश कंप्यूटर सेट करें।

बी] जटिलनिर्देशसेटकंप्यूटर।

सी] कॉम्प्लेक्स इंडेक्स सेट कंप्यूटर।

डी] इनमें से कोई नहीं।

प्र.15. ASCII, EBCDIC और यूनिकोड बाइनरी कोडिंग स्कीम हैं।

ए] सच।

बी] झूठा।

प्रश्न 16. नोट बुक सिस्टम यूनिट्स को अक्सर .... कहा जाता है।

ए] पीडीए।

बी] लैपटॉप।

सी] डेस्कटॉप।

डी] इनमें से कोई नहीं।

प्रश्न 17. .... को सिस्टम कैबिनेट या चेसिस के रूप में भी जाना जाता है।

ए] सिस्टमयूनिट।

बी] मॉनिटर।

सी] कुंजी बोर्ड।

डी] इनमें से कोई नहीं।

प्रश्न 18. फ्लैश रैम में संग्रहीत डेटा कंप्यूटर की बिजली बंद होने पर भी मिटाया नहीं जाता है।

ए] सच।

बी] झूठा।

प्र.19. सिस्टम बोर्ड को मुख्य बोर्ड या मदर बोर्ड के रूप में भी जाना जाता है।

ए] सच।

बी] झूठा।

प्र.20. स्टोरेज डिवाइस की क्षमता को आमतौर पर बाइट्स के रूप में मापा जाता है।

ए] सच।

बी] झूठा।

प्रश्न 21. निम्न में से किस घटक का प्रयोग डाटा को स्टोर करने के लिए किया जाता है?

ए] सीपीयू।

बी] मेमोरी।

सी] इनपुट डिवाइस।

डी] आउटपुट डिवाइस।

प्रश्न 22. माइक्रोप्रोसेसर को अक्सर सीपीयू कहा जाता है।

ए] सच।

बी] झूठा।

प्रश्न 23. एक माइक्रोप्रोसेसर सिस्टम में, कंट्रोल प्रोसेसिंग यूनिट] सीपीयू। या प्रोसेसर एक एकल चिप पर समाहित होता है जिसे .... कहा जाता है।

एक छिद्र।

बी] पोर्ट।

सी] माइक्रोप्रोसेसर।

डी] इनमें से कोई नहीं।

प्रश्न 24. .... एक 16-बिट कोड है जिसे चीनी और जापानी जैसी अंतर्राष्ट्रीय भाषा का समर्थन करने के लिए डिज़ाइन किया गया है।

ए] यूनिकोड।

बी] एएसएससीआईआई

सी] ईबीसीडीआईसी

डी] इनमें से कोई नहीं।

प्रश्न 26. निम्न में से कौन कंप्यूटर मेमोरी की इकाई है।

ए] किलोग्राम।

बी] किलोबाइट्स।

ए] मीटर।

बी] सेल्सियस

प्रश्न 27. प्रिंटर को सिस्टम यूनिट से जोड़ने के लिए ज्यादातर पैरेलल पोर्ट का इस्तेमाल किया जाता है।

ए] सच।

बी] झूठा।

प्रश्न 28. डेटा और निर्देशों को इलेक्ट्रॉनिक रूप से बाइनरी या टू-स्टेट नंबरिंग सिस्टम के साथ दर्शाया जाता है।

ए] सच।

बी] झूठा।

प्रश्न 29. निम्नलिखित में से कौन स्मृति की उच्चतम इकाई है?

ए] गीगाबाइट

बी] बाइट्स।

सी] मेगाबाइट्स।

डी] किलोबाइट्स।

प्रश्न 30. सिस्टम बोर्ड सभी सिस्टम घटकों को जोड़ता है और इनपुट और आउटपुट डिवाइस को सिस्टम यूनिट के साथ संचार करने की अनुमति देता है।

ए] सच।

बी] झूठा।

प्रश्न 31. समानांतर पोर्ट में डेटा एक के बाद एक बाइट प्रेषित किया जाता है।

ए] सच।

बी] झूठा।

प्रश्न 32. निम्न में से कौन सी प्राथमिक मेमोरी है?

ए] रैम।

बी] सीडी।

सी] फ्लॉपी।

डी] हार्ड डिस्क।

प्रश्न 33। सुकरात, स्लॉट और बस लाइनें सिस्टम बोर्ड के घटक हैं।

ए] सच।

बी] झूठा।

प्रश्न 34. बाइनरी नंबरिंग सिस्टम में प्रत्येक 0 और 1 को बिट कहा जाता है।

ए] सच।

बी] झूठा।

प्रश्न 1. मॉनिटर स्क्रीन पर इमेज के आउटपुट को अक्सर हार्ड कॉपी कहा जाता है।

सत्य।

बी] झूठा।

प्रश्न 2. MIRC का उपयोग बैंक में चेक से डेटा पढ़ने के लिए किया जा सकता है।

ए] सच।

बी] झूठा।

प्रश्न 3. 800 x 600 के रिज़ॉल्यूशन वाले मॉनिटर में 800 पिक्सेल क्षैतिज और 600 पिक्सेल लंबवत होते हैं।

ए] सच।

बी] झूठा।

प्रश्न 4. की-बोर्ड पर 0-9 लेबल वाली कीज कहलाती हैं।

ए] फ़ंक्शन कुंजियाँ।

बी] टाइपराइटर कुंजी।

सी] संख्यात्मककुंजी।

डी] विशेष प्रयोजन कुंजी।

प्रश्न 5. माउस और ट्रैक बॉल के कार्य अलग-अलग होते हैं।

सत्य।

बी] झूठा।

प्रश्न 6. .... डिवाइस लोगों की समझ में अनुवाद करते हैं जिसे कंप्यूटर संसाधित कर सकता है।

ए] इनपुट।

बी] आउटपुट।

ए] येसभी।

बी] इनमें से कोई नहीं।

प्रश्न 7. F1, F2 इत्यादि लेबल वाली की-बोर्ड कीज कहलाती हैं।

ए] फ़ंक्शनकुंजियाँ।

बी] संख्यात्मक कुंजी।

सी] टाइपराइटर कुंजी।

डी] विशेष प्रयोजन कुंजी।

प्रश्न 8. निम्नलिखित में से कौन सा उपकरण पॉइंटिंग प्रकार के उपकरण से नहीं है?

एक माउस।

बी] टच स्क्रीन।

सी] कुंजीबोर्ड।

डी] जॉयस्टिक।

प्र.9. इनमें से कौन एक इनपुट डिवाइस नहीं है?

ए] मॉनिटर।

बी] माउस।

सी] कुंजी बोर्ड।

डी] जॉयस्टिक।

प्र.10. OCR का इस्तेमाल प्रिंटेड टेक्स्ट को मशीन रीडेबल कोड में ट्रांसलेट करने के लिए किया जाता है।

ए] सच।

बी] झूठा।

प्रश्न 11. ऑप्टिकल कैरेक्टर रिकग्निशन डिवाइस और ऑप्टिकल मार्क रिकग्निशन डिवाइस एक ही डिवाइस के दो नाम हैं।

सत्य।

बी] झूठा।

प्रश्न 12. किसी मॉनीटर का पक्षानुपात क्षैतिज पिक्सेल की संख्या और लंबवत पिक्सेल की संख्या का अनुपात होता है।

ए] सच।

बी] झूठा।

प्रश्न 13. मॉनिटर स्क्रीन पर इमेज के आउटपुट को अक्सर हार्डकॉपी कहा जाता है।

सत्य।

बी] झूठा।

प्रश्न 14. कैप्स लॉक जैसी की-बोर्ड कुंजियाँ जो किसी सुविधा को चालू या बंद करती हैं, कहलाती हैं।

ए] फ़ंक्शन कुंजियाँ।

बी] संयोजन कुंजी।

सी] कुंजीटॉगलकरें।

डी] विशेष प्रयोजन कुंजी।

प्र.15. मॉनिटर का प्राथमिक कार्य उपयोगकर्ता को सूचना प्रदर्शित करना है।

ए] सच।

बी] झूठा।

प्रश्न 16. हेडफोन एक विशिष्ट आउटपुट डिवाइस है।

ए] सच।

बी] झूठा।

प्रश्न 17. डेस्कटॉप पर दिखने वाले माउस पॉइंटर को .... भी कहा जाता है।

ए] एरोपॉइंटर।

बी] कुंजी सूचक।

सी] प्रदर्शन सूचक।

डी] इनमें से कोई नहीं।

प्रश्न 18. प्लॉटर का उपयोग विशेष प्रयोजन के ग्राफिक्स बनाने के लिए किया जाता है।

ए] सच।

बी] झूठा।

प्र.19. इनपुट डिवाइस लोग जो समझते हैं उसका अनुवाद उस रूप में करते हैं जिसे कंप्यूटर संसाधित कर सकता है।

ए] सच।

बी] झूठा।

प्र.20. कंप्यूटर में एक सामान्य कीबोर्ड का प्राथमिक कार्य पियानो की तरह संगीत बजाना है।

सत्य।

बी] झूठा।

प्रश्न 21. विंडोज़ ऑपरेटिंग सिस्टम में स्क्रीन के किसी भी हिस्से को एक्सेस करने का सबसे आसान तरीका है

कुंजीपटल।

बी] चूहा।

सी] <u>माउस।</u>

डी] जॉयस्टिक।

प्रश्न 22. डॉट मैट्रिक्स प्रिंटर परेशान करने वाला शोर करते हैं।

ए] <u>सच।</u>

बी] झूठा।

प्रश्न 23. स्पीड गेम खेलने में जॉयस्टिक बहुत उपयोगी है।

ए] <u>सच।</u>

बी] झूठा।

प्रश्न 24. कागज पर आउटपुट तैयार करने के लिए प्रिंटर को कंप्यूटर से जोड़ा जा सकता है।

ए] <u>सच।</u>

बी] झूठा।

प्र.25. फ़ंक्शन कुंजियों के बजाय जिनका उपयोग शॉर्टकट बनाने के लिए किया जाता है।

ए] कुंजी टॉगल करें।

बी] विशेष कुंजी।

सी] <u>संयोजनकुंजी।</u>

डी] संख्यात्मक कुंजी।

प्रश्न 26. फ्लैटबेड स्कैनर के काम करने का तरीका ज्यादातर फोटोकॉपी मशीन के समान होता है।

ए] <u>सच।</u>

बी] झूठा।

प्रश्न 27. मॉनिटर स्क्रीन पर इमेज के आउटपुट को अक्सर सॉफ्ट कॉपी कहा जाता है।

ए] <u>सच।</u>

बी] झूठा।

प्रश्न 28. कौन सा प्रिंटर कागज की सतह पर तेज गति से स्याही की छोटी बूंदों को छिड़क कर डेटा या छवि प्रिंट करता है?

ए] <u>इंकजेटप्रिंटर।</u>

बी] लेजर प्रिंटर।

सी] डॉट मैट्रिक्स प्रिंटर।

डी] ड्रम प्रिंटर।

प्रश्न 29. निम्नलिखित में से कौन सी कुंजी टॉगल कुंजी नहीं है?

ए] कैप्स लॉक।

बी] संख्या ताला।

सी] स्क्रॉल लॉक।

डी] <u>नियंत्रण</u>।

प्रश्न 30. जिन कीबोर्ड कुंजियों पर तीर होते हैं, उन्हें कहा जाता है।

ए] फ़ंक्शन कुंजियाँ।

बी] <u>नेविगेशनकुंजी</u>।

सी] टाइपराइटर कुंजी।

डी] विशेष प्रयोजन कुंजी।

प्रश्न 31. A............. एक लाइट सेंसिटिव पेन जैसी डिवाइस है।

ए] <u>लाइटपेन</u>।

बी] जॉय स्टिक।

सी] टच स्क्रीन।

डी] इनमें से कोई नहीं।

प्रश्न 32. एक प्रिंटर के माध्यम से एक छवि के आउटपुट को अक्सर हार्ड कॉपी कहा जाता है।

ए] <u>सच</u>।

बी] झूठा।

प्रश्न 33। निम्न में से किस उपकरण का उपयोग तेज कंप्यूटर गेम खेलने के लिए किया जाता है?

ए] <u>जॉयस्टिक</u>।

बी] सतह स्पर्श करें।

सी] टच स्क्रीन।

डी] ट्रैक बॉल।

प्रश्न 1. डिस्क पर एक ट्रैक कई गोलाकार अंगूठी के आकार के क्षेत्रों में से एक है जहां डेटा चुंबकीय रूप से लिखा जाता है।

ए] <u>सच</u>।

बी] झूठा।

प्रश्न 2. इनमें से कौन फाइल कंप्रेसिंग प्रोग्राम नहीं है?

ए] विन जिप।

बी] पीके ज़िप।

सी] आरएआर जीतो।

डी] <u>RAID</u>।

प्रश्न 3. पारंपरिक फ्लॉपी डिस्क 1.44 एमबी 3.5 इंच की डिस्क है।

ए] सच।

बी] झूठा।

प्रश्न 4. सोनी कॉर्पोरेशन की .... डिस्क की क्षमता 200 एमबी या 720 एमबी है।

ए] सुपर डिस्क।

बी] हायएफडीडिस्क।

सी] ज़िप डिस्क।

डी] इनमें से कोई नहीं।

प्रश्न 5. उच्च क्षमता वाली डिस्क को फ्लॉपी डिस्क कार्ट्रिज के रूप में भी जाना जाता है जो तेजी से पारंपरिक फ्लॉपी डिस्क की जगह ले रही है।

ए] सच।

बी] झूठा।

प्रश्न 6. .... डेटा की जरूरतों का अनुमान लगाकर हार्ड-डिस्क के प्रदर्शन में सुधार करता है।

ए] डिस्ककैचिंग।

बी] डिस्क डीफ़्रेग्मेंट।

सी] डिस्क लेखन।

डी] इनमें से कोई नहीं।

प्रश्न 7. 3.5 फ्लॉपी डिस्क की क्षमता ....

ए] 1.44 एमबी।

बी] 1 एमबी।

सी] 1.66 एमबी।

डी] 1.55 एमबी।

प्रश्न 8. सुपर डिस्क का निर्माण इमेशन द्वारा किया जाता है और इसमें 120 एमबी या 240 एमबी क्षमता होती है।

ए] सच।

बी] झूठा।

प्र.9. एक सीडी-रोम के लिए खड़ा है।

ए] कॉम्पैक्टडिस्करीडओनलीमेमोरी।

बी] कॉम्पैक्ट डिस्क एक बार मेमोरी पढ़ें।

सी] सीडी-आरडब्ल्यू।

डी] इनमें से कोई नहीं।

Q.10........... प्रोग्राम जो आपके कंप्यूटर सिस्टम को वायरस या अन्य हानिकारक प्रोग्रामों से बचाते हैं।

एक बैकअप।

बी] <u>एंटीवायरस।</u>

सी] अनइंस्टॉल करें।

डी] इनमें से कोई नहीं।

प्रश्न 11. वृत के उस भाग को क्या कहते हैं जिस पर स्टोरेज मीडिया में डेटा लिखा होता है?

एक रास्ता।

बी] <u>सेक्टर।</u>

सी] सिलेंडर।

डी] सर्पिल।

प्रश्न 12. एक सीडी-आरडब्ल्यू डिस्क का मतलब है।

ए] <u>सीडी-रीराइटेबल।</u>

बी] सीडी-रिकॉर्ड करने योग्य।

सी] सीडी-रोम।

डी] इनमें से कोई नहीं।

प्रश्न 13. .... का उत्पादन ओमेगा द्वारा किया जाता है और शीर्ष पर 100 एमबी, 250 एमबी या 750 एमबी क्षमता है जो आज की मानक फ्लॉपी डिस्क से 500 गुना अधिक है।

ए] सुपर डिस्क।

बी] हायएफडी डिस्क।

सी] <u>जिपडिस्क।</u>

डी] इनमें से कोई नहीं।

प्रश्न 14. प्राथमिक भंडारण एक अस्थिर है।

ए] <u>सच।</u>

बी] झूठा।

प्र.15. Sony Corporation के HiFD डिस्क की क्षमता 200 एमबी या 720 एमबी है।

ए] <u>सच।</u>

बी] झूठा।

Q.16............ इमेशन द्वारा निर्मित हैं और इनकी क्षमता 120 एमबी या 240 एमबी है।

ए] <u>सुपरडिस्क।</u>

बी] हायएफडी डिस्क।

सी] ज़िप डिस्क।

डी] इनमें से कोई नहीं।

प्रश्न 17. .... हटाने योग्य भंडारण उपकरण हैं जिनका उपयोग भारी मात्रा में सूचनाओं को संग्रहीत करने के लिए किया जाता है।

ए] हार्डडिस्कपैक।

बी] सीडी।

सी] फ्लॉपी डिस्क।

डी] इनमें से कोई नहीं।

प्रश्न 18. प्रत्येक ट्रैक को पच्चर के आकार के वर्गों में विभाजित किया जाता है जिन्हें सेक्टर कहा जाता है।

ए] सच।

बी] झूठा।

प्र.19. स्टोरेज डिवाइस हार्डवेयर है जो स्टोरेज मीडिया से डेटा और प्रोग्राम पढ़ता है।

ए] सच।

बी] झूठा।

प्र.20. डिस्क लेबल पर 2 HD का अर्थ है।

ए] दो तरफ, कम घनत्व।

बी] दोतरफउच्चघनत्व।

सी] एक तरफ उच्च घनत्व।

डी] इनमें से कोई नहीं।

प्र.21........... डिस्क में 120 एमबी भंडारण क्षमता होती है और ड्राइवर मानक 3.5" फ्लॉपी डिस्क पर डेटा को पढ़ने और संग्रहीत करने में भी सक्षम होते हैं।

ए] सुपरडिस्क।

बी] हायएफडी डिस्क।

सी] ज़िप डिस्क।

डी] इनमें से कोई नहीं।

प्रश्न 22. ज़िप डिस्क ओमेगा द्वारा निर्मित होते हैं और आमतौर पर 100 एमबी, 250 एमबी या 750 एमबी क्षमता 500 गुना अधिक होती है जैसे कि आज के मानक फ्लॉपी डिस्क।

ए] सच।

बी] झूठा।

प्रश्न 23. सीडी-आर का मतलब है।

ए] सीडी-रिकॉर्डकरनेयोग्य।

बी] सीडी-धावक।

सी] सीडी-रिसीवर।

डी] इनमें से कोई नहीं।

प्रश्न 24. प्रत्येक ट्रैक को पच्चर के आकार के खंडों में विभाजित किया जाता है जिन्हें कहा जाता है।

एक रास्ता।

बी] क्षेत्र।

सी] गोल।

डी] इनमें से कोई नहीं।

प्र.25. हार्ड डिस्क पैक हटाने योग्य भंडारण उपकरण हैं जिनका उपयोग भारी मात्रा में जानकारी के लिए किया जाता है।

ए] सच।

बी] झूठा।

प्रश्न 26. माध्यमिक भंडारण गैर-वाष्पशील है।

ए] सच।

बी] झूठा।

प्रश्न 27. फ्लॉपी डिस्क रिमूवेबल स्टोरेज मीडिया हैं।

ए] सच।

बी] झूठा।

1] वेबपेज एक चित्र प्रदर्शित करता है] उस चित्र को प्रदर्शित करने के लिए किस टैग का उपयोग किया गया था?

एक तस्वीर

बी] छवि

सी] आईएमजी

डी] स्रोत

2] <b> टैग संलग्न टेक्स्ट को बोल्ड बनाता है] टेक्स्ट को बोल्ड बनाने के लिए अन्य टैग क्या है?

ए] <मजबूत>

बी] <डार>

ग] <काला>

घ] <एम्प>

3] टैग और परीक्षण जो सीधे पृष्ठ पर प्रदर्शित नहीं होते हैं, _______ अनुभाग में लिखे जाते हैं]

ए] <एचटीएमएल>

बी] <सिर>

ग] <शीर्षक>

घ] <शरीर>

4] कौन सा टैग आपके वेब पेज पर क्षैतिज रूप से एक लाइन डालता है?

ए] <घंटा>

बी] <लाइन>

ग] <लाइन दिशा = "क्षैतिज">

घ] <tr>

5] किसी भी HTML दस्तावेज़ में पहला टैग क्या होना चाहिए?

ए] <सिर>

बी] <शीर्षक>

ग] <एचटीएमएल>

घ] <दस्तावेज़>

6] कौन सा टैग आपको टेबल में एक पंक्ति जोड़ने की अनुमति देता है?

ए] <td> और </td>

बी] <सीआर> और </सीआर>

ग] <वें> और </वें>

घ] <tr> और </tr>

7] आप बुलेटेड सूची कैसे बना सकते हैं?

ए] <सूची>

बी] <एनएल>

ग] <उल>

घ] <ol>

8] आप एक क्रमांकित सूची कैसे बना सकते हैं?

ए] <डीएल>

बी] <ol>

ग] <सूची>

घ] <उल>

9] आप ई-मेल लिंक कैसे बना सकते हैं?

ए] <a href="xxx@yyy">

बी] <मेल href="xxx@yyy">

ग] <मेल>xxx@yyy</मेल>

घ] <a href="mailto:xxx@yyy">

10] हाइपरलिंक बनाने के लिए सही HTML क्या है?

a] <a href="http:// mcqsets]com">आईसीटीरुझानप्रश्नोत्तरी</a>

b] <a name="http://mcqsets]com">आईसीटी रुझान प्रश्नोत्तरी</a>

ग] <http://mcqsets]com</a>

d] url="http://mcqsets]com">आईसीटी रुझान प्रश्नोत्तरी

11] टेक्स्ट को इटैलिक बनाने के लिए सही HTML टैग चुनें

ए] <ii>

बी] <इटैलिक>

ग] <इटैलिक>

घ] <i>

12] टेक्स्ट को बोल्ड करने के लिए सही HTML टैग चुनें?

ए] <बी>

बी] <बोल्ड>

ग] <बीबी>

घ] <बीएलडी>

13] बैकग्राउंड कलर जोड़ने के लिए सही HTML क्या है?

ए] <शरीर का रंग = "पीला">

बी] <शरीरबीजीकलर = "पीला">

ग] <पृष्ठभूमि>पीला</पृष्ठभूमि>

d] <बॉडी बैकग्राउंड = "पीला">

14] सबसे छोटे आकार के शीर्षक के लिए सही HTML टैग चुनें?

ए] <शीर्षक>

बी] <h6>

ग] <एच1>

घ] <सिर>

15] लाइन ब्रेक डालने के लिए सही HTML टैग क्या है?

ए]

बी] <एलबी>

ग] <ब्रेक>

डी] <न्यूलाइन>

16] डेसवलिंक विशेषता का क्या अर्थ है?

ए] विज़िटकियागयालिंक

बी] आभासी लिंक

ग] बहुत अच्छा लिंक

डी] सक्रिय लिंक

17] किसी तत्व को विशिष्ट रूप से नाम देने के लिए किस विशेषता का उपयोग किया जाता है?

एक वर्ग

बी] <u>आईडी</u>

सी] डॉट

डी] उपरोक्त सभी

18] HTML में फॉर्म के लिए कौन सा टैग चेक बॉक्स बनाता है?

ए] <चेकबॉक्स>

बी] <u><इनपुटप्रकार = "चेकबॉक्स"></u>

ग] <इनपुट = चेकबॉक्स>

डी] <इनपुट चेकबॉक्स>

19] कॉम्बो बॉक्स (ड्रॉप डाउन बॉक्स) बनाने के लिए आप किस टैग का उपयोग करेंगे?

ए] <u><चयन></u>

बी] <सूची>

ग] <इनपुट प्रकार = "ड्रॉपडाउन">

डी] उपरोक्त सभी

20] निम्नलिखित में से कौन एक जोड़ी टैग नहीं है?

ए] <पी>

बी] <यू>

ग] <i>

घ] <u><आईएमजी></u>

21] HTML दस्तावेज़ बनाने के लिए आपको आवश्यकता होगी

a] वेब पेज एडिटिंग सॉफ्टवेयर

b] उच्च शक्ति वाला कंप्यूटर

c] <u>बसएकनोटपैडकाउपयोगकियाजासकताहै</u>

घ] उपरोक्त में से कोई नहीं

22] HTML दस्तावेज़ में सामग्री प्रस्तुत करने के लिए उपयोग किए जाने वाले विशेष स्वरूपण कोड हैं:

ए] <u>टैग</u>

बी] गुण

ग] मान

घ] उपरोक्त में से कोई नहीं

23] HTML दस्तावेज़ सहेजे गए हैं

ए] विशेष बाइनरी प्रारूप

b] मशीनी भाषा कोड

ग] <u>ASCII पाठ</u>

घ] उपरोक्त में से कोई नहीं

24] कुछ टैग टेक्स्ट को संलग्न करते हैं] उन टैग्स को के रूप में जाना जाता है

ए] युगल टैग

बी] सिंगल टैग

सी] डबल टैग

डी] <u>जोड़ीटैग</u>

25] _____ वर्ण ब्राउज़र को टेक्स्ट को टैग करना बंद करने के लिए कहता है

एक] ?

बी] ∠

ग] >

डी] %

26] HTML दस्तावेज़ में टैग

a] अपर केस में लिखा जाना चाहिए

b] लोअर केस में लिखा जाना चाहिए

सी] उचित मामले में लिखा जाना चाहिए

d] <u>अपरकेसयालोअरकेसदोनोंमेंलिखाजासकताहै</u>

27] मार्की HTML में एक टैग है

ए] कतार बनाए रखने के लिए वस्तुओं की सूची को चिह्नित करें

बी] पाठ को चिह्नित करें ताकि वह ब्राउज़र में छिपा हो

ग] <u>स्क्रॉलिंगप्रभावकेसाथटेक्स्टप्रदर्शितकरें</u>

घ] उपरोक्त में से कोई नहीं

28] HTML में _____ विभिन्न शीर्षक टैग हैं

ए] 4

बी] 5

ग] <u>6</u>

घ] 7

29] अपने वेब पेज में एक ब्लैंक लाइन बनाने के लिए

ए] दो बार एंटर दबाएं

बी] Shift + Enter दबाएं

c] <u>
 टैगडालें</u>

d] डालें <BLINE>

30] इनमें से कौन एक स्टाइल टैग नहीं है?

ए] <बी>

बी] <टीटी>

ग] <i>

d] उपरोक्तसभीस्टाइलटैगहैं

31] जिस तरह से ब्राउज़र ऑब्जेक्ट को प्रदर्शित करता है उसे _______ द्वारा संशोधित किया जा सकता है

ए] गुण

बी] पैरामीटर

ग] संशोधक

घ] उपरोक्त में से कोई नहीं

32] निम्नलिखित में से कौन सा HTML कोड मान्य है?

ए] <फ़ॉन्ट रंग = "लाल">

बी] <फ़ॉन्टरंग = "लाल">

ग] <लाल> <फ़ॉन्ट>

d] उपरोक्त सभी स्टाइल टैग हैं

33] निम्नलिखित में से कौन सा फॉन्ट टैग से संबंधित विशेषता है?

ए] आकार

बी] चेहरा

सी] रंग

d] उपरोक्तसभीस्टाइलटैगहैं

34] एचटीएमएल समर्थन करता है

ए] आदेशित सूचियां

बी] अनियंत्रित सूचियां

c] दोनोंप्रकारकीसूचियाँ

d] उन प्रकारों का समर्थन नहीं करता

35] ऑर्डर की गई सूची के अलग-अलग आइटम को सूचीबद्ध करने के लिए किस टैग का उपयोग किया जाता है?

ए] ली

बी] OL

सी] यूएल

घ] उपरोक्त में से कोई नहीं

36] आपको आईएमजी टैग में चित्र के फ़ाइल नाम के साथ पथ का उपयोग कब करना चाहिए?

a] पथ वैकल्पिक है और आवश्यक नहीं है

b] जबछविफ़ाइलऔर html फ़ाइलकास्थानभिन्नहो

c] जब छवि फ़ाइल और html फ़ाइल दोनों एक ही स्थान पर हों

d] छवि डालने के लिए पथ हमेशा आवश्यक होता है

37] निम्नलिखित में से कौन एक वैध संरेखण विशेषता नहीं है?

बांया

चमकदार

ग] शीर्ष

डी] उपरोक्त सभी

38] यदि ब्राउज़र में छवि लोड नहीं हो पाती है तो टेक्स्ट प्रदर्शित करने के लिए img टैग के साथ किस विशेषता का उपयोग किया जाता है?

विवरण

बी] नाम

सी] पूरीतरहसे

किया

39] पृष्ठभूमि रंग हरा सेट करने के लिए बॉडी टैग के साथ किस विशेषता का उपयोग किया जा सकता है?

ए] पृष्ठभूमि = "हरा"

बी] बीजीकलर = "हरा"

सी] वीलिंक = "हरा"

घ] उपरोक्त में से कोई नहीं

40] दो कोशिकाओं को क्षैतिज रूप से मर्ज करने के लिए आप टीडी टैग के साथ किस विशेषता का उपयोग करेंगे?

ए] मर्ज = colspan2

बी] रोस्पेन = 2

सी] कोलस्पैन = 2

डी] मर्ज = पंक्ति 2

41] वेबपेज एक चित्र प्रदर्शित करता है] उस चित्र को प्रदर्शित करने के लिए किस टैग का उपयोग किया गया था?

एक तस्वीर

बी] दाना

सी] आईएमजी

डी] स्रोत

42] <b> टैग संलग्न टेक्स्ट को बोल्ड बनाता है] टेक्स्ट को बोल्ड बनाने के लिए अन्य टैग क्या है?

ए] <मजबूत>

बी] <डार>

ग] <काला>

घ] <एम्प>

43] टैग और परीक्षण जो सीधे पृष्ठ पर प्रदर्शित नहीं होते हैं, ______ अनुभाग में लिखे जाते हैं]

ए] <एचटीएमएल>

बी] <u><सिर></u>

ग] <शीर्षक>

घ] <शरीर>

44] कौन सा टैग आपके वेब पेज पर क्षैतिज रूप से एक लाइन डालता है?

ए] <u><घंटा></u>

बी] <लाइन>

ग] <लाइन दिशा = "क्षैतिज">

घ] <tr>

45] किसी भी HTML दस्तावेज़ में पहला टैग क्या होना चाहिए?

ए] <सिर>

बी] <शीर्षक>

ग] <u><एचटीएमएल></u>

घ] <दस्तावेज़>

46] कौन सा टैग आपको तालिका में एक पंक्ति जोड़ने की अनुमति देता है?

ए] <td> और </td>

बी] <सीआर> और </सीआर>

ग] <वें> और </वें>

घ] <u><tr> और </tr></u>

47] आप बुलेटेड सूची कैसे बना सकते हैं?

ए] <सूची>

बी] <एनएल>

ग] <u><उल></u>

घ] <ol>

48] आप एक क्रमांकित सूची कैसे बना सकते हैं?

ए] <डीएल>

बी] <u><ol></u>

ग] <सूची>

घ] <उल>

49] आप ई-मेल लिंक कैसे बना सकते हैं?

ए] <a href="xxx@yyy">

बी] <मेल href="xxx@yyy">

ग] <मेल>xxx@yyy</मेल>

घ] <a href="mailto:xxx@yyy">

50] हाइपरलिंक बनाने के लिए सही HTML क्या है?

a] <a href="http://mcqsets]com">MCQ क्विजसेटकरताहै</a>

b] <a name="http://mcqsets]com">MCQ क्विज सेट करता है</a>

ग] <http://mcqsets]com</a>

d] url="http://mcqsets]com">MCQ सेट क्विज

1) सीएसएस का अर्थ है -

ए] कैस्केड स्टाइल शीट्स

बी] रंग और स्टाइल शीट

सी] कैस्केडिंगस्टाइलशीट्स

डी] उपरोक्त में से कोई नहीं

2) बाहरी स्टाइल शीट को रेफर करने के लिए निम्नलिखित में से कौन सा सिंटैक्स सही है?

ए] <शैली स्रोत = example.css>

बी] <शैली src = "example.css" >

सी] <स्टाइलशीट> example.css </स्टाइलशीट>

डी] <लिंक rel = "स्टाइलशीट" प्रकार = "टेक्स्ट/सीएसएस" href = "example.css">

3) किसी तत्व की पृष्ठभूमि का रंग बदलने के लिए उपयोग की जाने वाली CSS में संपत्ति है -

ए] बीजीकलर

बी] रंग

सी] पृष्ठभूमि-रंग

D। उपरोक्त सभी

4) CSS में किसी तत्व के टेक्स्ट का रंग बदलने के लिए इस्तेमाल किया जाने वाला गुण है -

ए] बीजीकलर

बी] रंग

सी] पृष्ठभूमि-रंग

D। उपरोक्त सभी

उत्तर कार्यक्षेत्र छुपाएं

5) तत्व के फ़ॉन्ट-आकार को नियंत्रित करने के लिए उपयोग की जाने वाली CSS संपति है -

ए] टेक्स्ट-स्टाइल

बी] पाठ-आकार

सी] फ़ॉन्ट-आकार

डी] उपरोक्त में से कोई नहीं

6) इनलाइन शैलियों को परिभाषित करने के लिए प्रयुक्त HTML विशेषता है -

ए] शैली

बी] शैलियों

सी] वर्ग

डी] उपरोक्त में से कोई नहीं

7) आंतरिक स्टाइलशीट को परिभाषित करने के लिए प्रयुक्त HTML विशेषता है -

ए] <शैली>

बी] शैली

सी] <लिंक>

डी] <स्क्रिप्ट>

8) निम्नलिखित में से कौन सी सीएसएस संपत्ति का उपयोग किसी तत्व की पृष्ठभूमि छवि को सेट करने के लिए किया जाता है?

ए] पृष्ठभूमि-अनुलग्नक

बी] पृष्ठभूमि-छवि

सी] पृष्ठभूमि-रंग

डी] उपरोक्त में से कोई नहीं

9) सभी पैराग्राफ तत्वों की पृष्ठभूमि-रंग को पीला करने के लिए निम्नलिखित में से कौन सा सही सिंटैक्स है?

ए] पी {पृष्ठभूमि-रंग: पीला;}

बी] पी {पृष्ठभूमि-रंग: #पीला;}

सी] सभी {पृष्ठभूमि-रंग: पीला;}

डी] सभी पी {पृष्ठभूमि-रंग: #पीला;}

10) हाइपरलिंक्स को बिना किसी अंडरलाइन के प्रदर्शित करने के लिए निम्नलिखित में से कौन सा सिंटैक्स सही है?

ए] एक {पाठ-सजावट: रेखांकित;}

बी] ए {सजावट: नो-अंडरलाइन;}

सी] एक {पाठ-सजावट: कोईनहीं;}

डी] उपरोक्त में से कोई नहीं

11) निम्नलिखित में से कौन सी संपत्ति का उपयोग पैडिंग गुणों के लिए आशुलिपि संपत्ति के रूप में किया जाता है?

ए] पैडिंग-बाएं

बी] पैडिंग-राइट

सी] <u>पैडिंग</u>

D। उपरोक्त सभी

12) टेक्स्ट को बोल्ड करने के लिए इस्तेमाल की जाने वाली CSS प्रॉपर्टी है -

ए] <u>फ़ॉन्ट-वेट: बोल्ड</u>

बी] वजन: बोल्ड

सी] फ़ॉन्ट: बोल्ड

डी] शैली: बोल्ड

13) क्या पैडिंग प्रॉपर्टी में नेगेटिव वैल्यू की अनुमति है?

ए] हाँ

बी] <u>नहीं</u>

सी] नहीं कह सकता

डी] हो सकता है

14) निम्नलिखित में से कौन सी संपत्ति मार्जिन गुणों की आशुलिपि संपत्ति के रूप में प्रयोग की जाती है?

ए] मार्जिन-बाएं

बी] मार्जिन-दाएं

सी] <u>मार्जिन</u>

डी] उपरोक्त में से कोई नहीं

15) किसी तत्व की पारदर्शिता को निर्दिष्ट करने के लिए उपयोग की जाने वाली CSS संपत्ति है -

ए] <u>अस्पष्टता</u>

बी] फिल्टर

सी] दृश्यता

डी] ओवरले

16) सीएसएस का उपयोग करके टेक्स्ट की सबस्क्रिप्ट को निर्दिष्ट करने के लिए निम्नलिखित में से किसका उपयोग किया जाता है?

ए] <u>लंबवत-संरेखण: उप</u>

बी] लंबवत-संरेखण: सुपर

सी] लंबवत-संरेखण: सबस्क्रिप्ट

डी] उपरोक्त का

17) निम्नलिखित में से कौन सी सीएसएस संपत्ति एक तत्व के अंदर प्रत्येक अक्षर के बीच की जगह को निर्दिष्ट करने के लिए प्रयोग की जाती है?

ए] अल्फा-स्पेसिंग

बी] कैरेक्टर-स्पेसिंग

C] <u>लेटर-स्पेसिंग</u>

डी] वर्णमाला-रिक्ति

18) CSS संपत्ति यह निर्दिष्ट करने के लिए प्रयोग की जाती है कि पाठ क्षैतिज या लंबवत दिशा में लिखा गया है या नहीं?

ए] <u>लेखन-मोड</u>

बी] टेक्स्ट इंडेंट

सी] शब्द-विराम

डी] उपरोक्त में से कोई नहीं

19) वाक्य के प्रत्येक शब्द को बड़े अक्षर से शुरू करने के लिए CSS में निम्नलिखित में से कौन सा सिंटैक्स सही है?

ए] पाठ-शैली: पूंजी;

बी] परिवर्तन: पूंजीकरण;

सी] पाठ-रूपांतरण: पूंजी;

डी] <u>टेक्स्ट-ट्रांसफॉर्म: कैपिटलाइजकरें;</u>

20) वर्ग नाम "उदाहरण" वाले तत्वों का चयन कैसे करें?

ए] उदाहरण

बी] #उदाहरण

सी] <u>.उदाहरण</u>

डी] कक्षा उदाहरण

21) निम्नलिखित में से कौन सा एक डिव तत्व में सभी पैराग्राफ तत्वों का चयन करने के लिए सही सिंटैक्स है?

ए] <u>डिवपी</u>

बी] पी

सी] div#p

डी] डिव ~ पी

22) निम्नलिखित में से कौन सा डिव एलिमेंट के p सिब्लिंग्स को चुनने के लिए सही सिंटैक्स है?

ए] पी

बी] डिव + पी

सी] डिव पी

डी] <u>डिव ~ पी</u>

23) सीएसएस संपत्ति सीमा के बाहर के तत्वों के चारों ओर एक रेखा खींचने के लिए प्रयोग की जाती है?

एक सीमा

बी] <u>रूपरेखा</u>

सी] पैडिंग

डी] लाइन

24) टेक्स्ट में शैडो जोड़ने के लिए निम्नलिखित में से कौन सी CSS प्रॉपर्टी का उपयोग किया जाता है?

ए] <u>टेक्स्ट-छाया</u>

बी] टेक्स्ट-स्ट्रोक

सी] टेक्स्ट-ओवरफ्लो

डी] पाठ-सजावट

25) निम्नलिखित में से कौन सी सीएसएस में फॉन्ट-वेरिएंट संपत्ति का मूल्य नहीं है?

ए] सामान्य

बी] स्मॉल-कैप्स

सी] <u>लार्ज-कैप्स</u>

डी] विरासत

26) निम्नलिखित में से कौन सी सीएसएस संपत्ति यह निर्दिष्ट करने के लिए प्रयोग की जाती है कि टेबल सेल आम या अलग सीमा साझा करते हैं या नहीं?

ए] <u>सीमा-पतन</u>

बी] सीमा-त्रिज्या

C] बॉर्डर-स्पेसिंग

डी] उपरोक्त में से कोई नहीं

27) किसी तत्व के चारों ओर गोल बॉर्डर या गोल कोनों को बनाने के लिए उपयोग की जाने वाली CSS संपत्ति है -

ए] सीमा-पतन

बी] <u>सीमा-त्रिज्या</u>

C] बॉर्डर-स्पेसिंग

डी] उपरोक्त में से कोई नहीं

28) तालिका में आसन्न कोशिकाओं की सीमाओं के बीच की दूरी निर्धारित करने के लिए उपयोग की जाने वाली CSS संपत्ति है -

ए] सीमा-पतन

बी] सीमा-त्रिज्या

C] <u>बॉर्डर-स्पेसिंग</u>

डी] उपरोक्त में से कोई नहीं

29) सीएसएस में निम्नलिखित में से किस चयनकर्ता का उपयोग उन तत्वों का चयन करने के लिए किया जाता है जो चयनकर्ताओं से मेल नहीं खाते हैं?

ए] :! चयनकर्ता

बी]: चयनकर्तानहीं

सी]: खाली चयनकर्ता

डी] उपरोक्त में से कोई नहीं

30) निम्नलिखित में से कौन एक प्रकार का संयोजक नहीं है?

ए]>

बी] ~

सी] +

डी] *

31) निम्नलिखित में से कौन सी सीएसएस संपत्ति परिभाषित करती है कि एक छवि या वीडियो कंटेनर में स्थापित ऊंचाई और चौड़ाई के साथ कैसे फिट बैठता है?

ए] वस्तु-फिट

बी] वस्तु-स्थिति

सी] स्थिति

डी] उपरोक्त में से कोई नहीं

32) नीचे दिए गए कोड में किस प्रकार के CSS का उपयोग किया गया है?

<p शैली = "बॉर्डर:2px सॉलिड रेड;">

ए] इनलाइनसीएसएस

बी] आंतरिक सीएसएस

सी] बाहरी सीएसएस

डी] उपरोक्त में से कोई नहीं

33) निम्नलिखित में से कौन सी सीएसएस संपत्ति पृष्ठभूमि-छवि की उत्पत्ति को निर्दिष्ट करती है?

ए] पृष्ठभूमि-मूल

बी] पृष्ठभूमि-लगाव

सी] पृष्ठभूमि-आकार

डी] उपरोक्त में से कोई नहीं

34) तत्व के सामग्री बॉक्स की अधिकतम चौड़ाई निर्धारित करने के लिए उपयोग की जाने वाली CSS संपत्ति है -

ए] अधिकतम-चौड़ाईसंपत्ति

बी] ऊंचाई संपत्ति

सी] अधिकतम ऊंचाई संपत्ति

डी] स्थिति संपत्ति

35) यदि निम्नलिखित सीएसएस फ़ंक्शन हमें गणना करने की अनुमति देता है तो कौन सा?

ए] कैल्क () फ़ंक्शन

बी] कैलकुलेटर () फ़ंक्शन

सी] गणना () फ़ंक्शन

डी] कैल () फ़ंक्शन

36) तत्व के सामग्री बॉक्स की अधिकतम ऊंचाई निर्धारित करने के लिए उपयोग की जाने वाली CSS संपत्ति है -

ए] अधिकतम-चौड़ाई संपत्ति

बी] ऊंचाई संपत्ति

सी] अधिकतमऊंचाईसंपत्ति

डी] स्थिति संपत्ति

37) तत्व के सामग्री बॉक्स की न्यूनतम चौड़ाई निर्धारित करने के लिए उपयोग की जाने वाली CSS संपत्ति है -

ए] अधिकतम-चौड़ाई संपत्ति

बी] न्यूनतम-चौड़ाईसंपत्ति

सी] चौड़ाई संपत्ति

D। उपरोक्त सभी

38) निम्नलिखित में से कौन सी सीएसएस संपत्ति का उपयोग अतिप्रवाहित पाठ का प्रतिनिधित्व करने के लिए किया जाता है जो उपयोगकर्ता को दिखाई नहीं देता है?

ए] टेक्स्ट-छाया

बी] टेक्स्ट-स्ट्रोक

सी] टेक्स्ट-ओवरफ्लो

डी] पाठ-सजावट

39) आपकी सामग्री की दो पंक्तियों के बीच अंतर को सेट करने के लिए उपयोग की जाने वाली CSS संपत्ति है -

ए] न्यूनतम ऊंचाई संपत्ति

बी] अधिकतम ऊंचाई संपत्ति

सी] लाइन-ऊंचाईसंपत्ति

डी] उपरोक्त में से कोई नहीं

40) आपकी सामग्री की दो पंक्तियों के बीच अंतर को सेट करने के लिए उपयोग की जाने वाली CSS संपत्ति है -

ए] न्यूनतम ऊंचाई संपत्ति

बी] अधिकतम ऊंचाई संपत्ति

सी] लाइन-ऊंचाईसंपत्ति

डी] उपरोक्त में से कोई नहीं

41) टेक्स्ट में स्ट्रोक जोड़ने के लिए निम्नलिखित में से कौन सी CSS प्रॉपर्टी का उपयोग किया जाता है?

ए] टेक्स्ट-स्ट्रोकसंपत्ति

बी] टेक्स्ट-ट्रांसफॉर्म संपत्ति

सी] पाठ-सजावट संपत्ति

डी] उपरोक्त में से कोई नहीं

42) निम्नलिखित में से कौन सी सीएसएस संपत्ति का उपयोग किसी तत्व की प्रत्येक पृष्ठभूमि परत के लिए मिश्रण मोड सेट करने के लिए किया जाता है?

ए] पृष्ठभूमि-मिश्रण-मोडसंपत्ति

बी] पृष्ठभूमि-पतन संपत्ति

सी] पृष्ठभूमि-रूपांतरण संपत्ति

डी] पृष्ठभूमि-मूल संपत्ति

43) किसी तत्व की पारदर्शिता को निर्दिष्ट करने के लिए उपयोग की जाने वाली CSS संपत्ति है -

ए] होवर

बी] अस्पष्टता

सी] क्लियरफिक्स

डी] ओवरले

44) टेबल-सेल बॉक्स या ब्लॉक एलिमेंट के हॉरिजॉन्टल अलाइनमेंट को सेट करने के लिए निम्नलिखित में से कौन सी CSS प्रॉपर्टी का उपयोग किया जाता है?

ए] टेक्स्ट-एलाइनप्रॉपर्टी

बी] टेक्स्ट-ट्रांसफॉर्म संपत्ति

सी] टेक्स्ट-छाया संपत्ति

डी] पाठ-सजावट

45) सीएसएस संपत्ति जो पाठ को फ़ॉन्ट की डिफ़ॉल्ट चौड़ाई की तुलना में व्यापक या संकीर्ण सेट करने के लिए उपयोग की जाती है -

ए] फ़ॉन्ट-खिंचावसंपत्ति

बी] फ़ॉन्ट-वजन संपत्ति

सी] टेक्स्ट-ट्रांसफॉर्म संपत्ति

डी] फ़ॉन्ट-संस्करण संपत्ति

46) निम्नलिखित में से कौन सी सीएसएस संपत्ति उद्धरण चिह्न के प्रकार को निर्दिष्ट करने के लिए प्रयोग की जाती है?

ए] <u>संपत्तिउद्धरण</u>

बी] जेड-इंडेक्स संपत्ति

सी] हाइफ़न संपत्ति

डी] उपरोक्त में से कोई नहीं

47) ग्रिड कंटेनर में फ्लेक्स आइटम के क्रम को निर्दिष्ट करने के लिए उपयोग की जाने वाली CSS संपत्ति है -

ए] <u>आदेशसंपत्ति</u>

बी] फ्लोट संपत्ति

सी] अतिप्रवाह संपत्ति

डी] उपरोक्त में से कोई नहीं

48) टेक्स्ट के एक ब्लॉक में पहली लाइन के इंडेंटेशन को सेट करने के लिए इस्तेमाल की जाने वाली CSS प्रॉपर्टी है -

ए] <u>टेक्स्टइंडेंटप्रॉपर्टी</u>

बी] टेक्स्ट-स्ट्रोक संपत्ति

सी] पाठ-सजावट संपत्ति

डी] टेक्स्ट-ओवरफ्लो प्रॉपर्टी

49) निम्नलिखित में से कौन सी सीएसएस संपत्ति एक क्लिपिंग बनाती है क्षेत्र और तत्व के दृश्य क्षेत्र को निर्दिष्ट करता है?

ए] दृश्यता संपत्ति

बी] पृष्ठभूमि-क्लिप संपत्ति

सी] <u>क्लिप-पथसंपत्ति</u>

डी] उपरोक्त में से कोई नहीं

50) टेक्स्ट के ऊपर लाइन देने का सही सिंटैक्स है -

ए] पाठ-सजावट: लाइन-थ्रू

बी] पाठ-सजावट: कोई नहीं

सी] <u>पाठ-सजावट: ओवरलाइन</u>

डी] टेक्स्ट-डेकोरेशन: अंडरलाइन

1] जावास्क्रिप्ट और जावा का नाम समान क्यों है?

ए] जावास्क्रिप्ट जावा का एक स्ट्रिप्ड-डाउन संस्करण है

बी] <u>जावास्क्रिप्टकासिंटैक्ससिथिलरूपसेजावापरआधारितहै</u>

C] वे दोनों जावा द्वीप पर उत्पन्न हुए

डी] उपरोक्त में से कोई नहीं

2] जब कोई उपयोगकर्ता जावास्क्रिप्ट प्रोग्राम वाले पेज को देखता है, तो वास्तव में कौन सी मशीन स्क्रिप्ट को निष्पादित करती है?

ए] उपयोगकर्ताकीमशीनएकवेबब्राउजरचलारहीहै

बी] वेब सर्वर

सी] नेटस्केप के कॉर्पोरेट कार्यालयों के भीतर एक केंद्रीय मशीन

डी] उपरोक्त में से कोई नहीं

3] _______ जावास्क्रिप्ट को क्लाइंट-साइड जावास्क्रिप्ट भी कहा जाता है]

ए] माइक्रोसॉफ्ट

बी] नेविगेटर

सी] लाइववायर

डी] मूल निवासी

4] __________ जावास्क्रिप्ट को सर्वर-साइड जावास्क्रिप्ट भी कहा जाता है]

ए] माइक्रोसॉफ्ट

बी] नेविगेटर

सी] लाइववायर

डी] मूल निवासी

5] जावास्क्रिप्ट प्रोग्राम में वेरिएबल का उपयोग किस लिए किया जाता है?

ए] संख्याओं, तिथियों, याअन्यमूल्योंकोसंग्रहितकरना

बी] बेतरतीब ढंग से बदल रहा है

सी] हाई-स्कूल बीजगणित फ्लैशबैक के कारण

डी] उपरोक्त में से कोई नहीं

6] ______ HTML पेज में एम्बेडेड जावास्क्रिप्ट स्टेटमेंट उपयोगकर्ता की घटनाओं जैसे माउस-क्लिक, फॉर्म इनपुट और पेज नेविगेशन का जवाब दे सकता है]

ए] क्लाइंट-साइड

बी] सर्वर-साइड

सी] स्थानीय

डी] मूल निवासी

7] आपके जावास्क्रिप्ट के बिल्कुल अंत में क्या दिखना चाहिए?
<script LANGUAGE="JavaScript">tag

ए] </script>

बी] <स्क्रिप्ट>

सी] अंत कथन

डी] उपरोक्त में से कोई नहीं

8] क्लाइंट-साइड जावास्क्रिप्ट के साथ निम्न में से क्या नहीं किया जा सकता है?

ए] एक फॉर्म को मान्य करना

बी] ईमेल द्वारा फॉर्म की सामग्री भेजना

सी] सर्वरपरडेटाबेसफ़ाइलमेंफॉर्मकीसामग्रीकोसंग्रहीतकरना

डी] उपरोक्त में से कोई नहीं

9] निम्नलिखित में से कौन जावास्क्रिप्ट में फ़ंक्शन की क्षमताएं हैं?

ए] एक मान लौटाएं

बी] पैरामीटर स्वीकार करें और एक मान वापस करें

सी] पैरामीटरस्वीकारकरें

डी] उपरोक्त में से कोई नहीं

10] निम्नलिखित में से कौन वैध जावास्क्रिप्ट चर नाम नहीं है?

ए] 2नाम

बी] _प्रथम_और_अंतिम_नाम

सी] फर्स्ट एंड लास्ट

डी] उपरोक्त में से कोई नहीं

11] _______ टैग HTML का एक एक्सटेंशन है जो किसी भी संख्या में जावास्क्रिप्ट स्टेटमेंट को संलग्न कर सकता है]

ए] <स्क्रिप्ट>

बी] <शरीर>

सी] <सिर>

डी] <शीर्षक>

12] जावास्क्रिप्ट डेट ऑब्जेक्ट में तारीखों को कैसे स्टोर करता है?

ए] 1 जनवरी, 1970 केबादसेमिलीसेकंडकीसंख्या

बी] 1 जनवरी 1900 के बाद से दिनों की संख्या

सी] नेटस्केप के सार्वजनिक स्टॉक की पेशकश के बाद से सेकंड की संख्या]

डी] उपरोक्त में से कोई नहीं

13] निम्नलिखित में से कौन सी विशेषता जावास्क्रिप्ट संस्करण को धारण कर सकती है?

ए] भाषा

बी] स्क्रिप्ट

सी] संस्करण

डी] उपरोक्त में से कोई नहीं

14] "हैलो वर्ल्ड" लिखने के लिए सही जावास्क्रिप्ट सिंटैक्स क्या है?

ए] सिस्टम] आउट] प्रिंट्लन ("हैलो वर्ल्ड")

बी] प्रिंट्लन ("हैलो वर्ल्ड")

सी] <u>दस्तावेज़] लिखें ("हैलोवर्ल्ड")</u>

डी] प्रतिक्रिया] लिखें ("हैलो वर्ल्ड")

15] LANGUAGE विशेषता को इंगित करने के लिए निम्न में से किस तरीके का उपयोग किया जा सकता है?

ए] <LANGUAGE="JavaScriptVersion">

बी] <SCRIPT LANGUAGE="JavaScriptVersion">

सी] <u><SCRIPT LANGUAGE="JavaScriptVersion"> JavaScript स्टेटमेंट...</SCRIPT></u>

डी] <SCRIPT LANGUAGE="JavaScriptVersion"!> JavaScript स्टेटमेंट...</SCRIPT>

16] हम किस HTML तत्व के अंदर जावास्क्रिप्ट डालते हैं?

ए] <जेएस>

बी] <स्क्रिप्टिंग>

सी] <u><स्क्रिप्ट></u>

डी] <जावास्क्रिप्ट>

17] "abc]js" नामक बाहरी स्क्रिप्ट को संदर्भित करने के लिए सही सिंटैक्स क्या है?

ए] <स्क्रिप्ट href=" abc]js">

बी] <स्क्रिप्ट नाम = "एबीसी] जेएस">

सी] <u><स्क्रिप्ट src="abc]js"></u>

डी] उपरोक्त में से कोई नहीं

18] जावास्क्रिप्ट के साथ किस प्रकार के छवि मानचित्रों का उपयोग किया जा सकता है?

ए] सर्वर-साइड इमेज मैप्स

बी] <u>क्लाइंट-साइडइमेजमैप्स</u>

सी] सर्वर-साइड इमेज मैप्स और क्लाइंट-साइड इमेज मैप्स

डी] उपरोक्त में से कोई नहीं

19] निम्नलिखित में से कौन सा नेविगेटर ऑब्जेक्ट गुण नेटस्केप और IE दोनों में समान है?

ए] <u>नेविगेटर] ऐपकोडनाम</u>

बी] नेविगेटर] ऐपनाम

सी] नेविगेटर] ऐप संस्करण

डी] उपरोक्त में से कोई नहीं

20] जावास्क्रिप्ट ऐरे लिखने का सही तरीका कौन सा है?

ए] var txt = नया ऐरे (1: "टिम", 2: "किम", 3: "जिम")

बी] var txt = नया ऐरे: 1 = ("टिम") 2 = ("किम") 3 = ("जिम")

सी] var txt = नयाऐरे ("टिम", "किम", "जिम")

डी] var txt = नया ऐरे = "टिम", "किम", "जिम"

21] <noscript> टैग क्या करता है?

ए] गैर-जावास्क्रिप्टब्राउजरद्वाराप्रदर्शितकिएजानेवालेटेक्स्टकोसंलग्नकरें

बी] पृष्ठ पर स्क्रिप्ट को निष्पादित करने से रोकता है

सी] कुछ कम बजट वाली फिल्मों का वर्णन करता है

डी] उपरोक्त में से कोई नहीं

22] यदि पैरा 1 एक पैराग्राफ के लिए डोम ऑब्जेक्ट है, तो पैराग्राफ के भीतर टेक्स्ट को बदलने के लिए सही सिंटैक्स क्या है?

ए] "नया पाठ"?

बी] पैरा 1] मूल्य = "नयापाठ";

सी] पैरा 1] फर्स्ट चाइल्ड] नोडवैल्यू = "नया टेक्स्ट";

डी] पैरा 1] नोडवैल्यू = "नया टेक्स्ट";

23] जावास्क्रिप्ट इकाइयाँ _________ से शुरू होती हैं और __________ पर समाप्त होती हैं

ए] अर्धविराम, कोलन

बी] अर्धविराम, एम्परसेंड

सी] एम्परसेंड, कोलन

डी] एम्परसेंड, अर्धविराम

24] निम्नलिखित में से कौन जावास्क्रिप्ट का सबसे अच्छा वर्णन करता है?

ए] एक निम्न-स्तरीय प्रोग्रामिंग भाषा

बी] ब्राउज़र में पहले से संकलित एक स्क्रिप्टिंग भाषा

सी] एक संकलित स्क्रिप्टिंग भाषा

डी] एकवस्तु-उन्मुखस्क्रिप्टिंगभाषा

25] सर्वर-साइड जावास्क्रिप्ट ऑब्जेक्ट चुनें?

ए] फाइलअपलोड

बी] समारोह

सी] फ़ाइल

डी] तिथि

26] क्लाइंट-साइड जावास्क्रिप्ट ऑब्जेक्ट चुनें?

ए] डेटाबेस

बी] कर्सर

सी] ग्राहक

डी] <u>फाइलअपलोड</u>

27] निम्नलिखित में से किसे जावास्क्रिप्ट ऑपरेटर नहीं माना जाता है?

ए] नया

बी] <u>यह</u>

सी] हटाएं

डी] टाइपोफ़

28] _______ विधि निर्दिष्ट वस्तु के संदर्भ में जावास्क्रिप्ट कोड की एक स्ट्रिंग का मूल्यांकन करती है]

ए] <u>इवालो</u>

बी] पार्सइंट

सी] पार्स फ्लोट

डी] एफ्लोट

29] जब प्रपत्र तत्व फोकस खो देता है तो निम्न में से कौन सा ईवेंट सक्रिय होता है: <बटन>, <इनपुट>, <लेबल>, <चयन>, <textarea>?

ए] ऑनफोकस

बी] <u>धुंधला</u>

सी] ऑनक्लिक

डी] ओन्डब्लक्लिक

30] इवल का सिंटैक्स _________ है

ए] [ऑब्जेक्टनाम] eval (संख्यात्मक)

बी] <u>[ऑब्जेक्टनाम] eval (स्ट्रिंग)</u>

सी] [EvalName] eval (स्ट्रिंग)

डी] [EvalName]eval(संख्यात्मक)

31] जावास्क्रिप्ट की व्याख्या _________ द्वारा की जाती है

ए] <u>ग्राहक</u>

बी] सर्वर

सी] वस्तु

डी] उपरोक्त में से कोई नहीं

32] _______ कथन का उपयोग करना यह है कि आप किसी विशिष्ट स्थिति के लिए कैसे परीक्षण करते हैं]

ए] चुनें

बी] <u>अगर</u>

सी] स्विच

डी] के लिए

33] निम्नलिखित में से कौन एक if स्टेटमेंट की संरचना है?

ए] अगर (सशर्त अभिव्यक्ति सत्य है) तो इस कोडेंड को निष्पादित करें यदि

बी] अगर (सशर्त अभिव्यक्ति सत्य है) इस कोडएंड को निष्पादित करें यदि

सी] अगर (सशर्तअभिव्यक्तिसत्यहै) {तोइसकोडकोनिष्पादितकरें> ->}

डी] अगर (सशर्त अभिव्यक्ति सत्य है) तो {इस कोड को निष्पादित करें}

34] जावास्क्रिप्ट में डेट ऑब्जेक्ट कैसे बनाएं?

ए] दिनांकऑब्जेक्टनाम = नईतिथि ([पैरामीटर])

बी] dateObjectName.नई तिथि ([पैरामीटर])

सी] दिनांक ऑब्जेक्टनाम: = नई तिथि ([पैरामीटर])

डी] दिनांकऑब्जेक्टनाम दिनांक ([पैरामीटर])

35] एक ऐरे ऑब्जेक्ट की _________ विधि एक सरणी से तत्वों को जोड़ती है और/या हटाती है]

ए] रिवर्स

बी] शिफ्ट

सी] टुकड़ा

डी] ब्याह

36] सभी क्लिक इवेंट्स को कैप्चर करने के लिए विंडो सेट करने के लिए, हम निम्नलिखित में से किस स्टेटमेंट का उपयोग करते हैं?

ए] window.captureEvents(Event.CLICK);

बी] window.handleEvents (Event.CLICK);

सी] window.routeEvents(Event.CLICK);

डी] window.raiseEvents(Event.CLICK);

37] नेटस्केप में कौन सा टैग माउस इवेंट को हैंडल कर सकता है?

ए] <आईएमजी>

बी] <ए>

सी] <बीआर>

डी] उपरोक्त में से कोई नहीं

38] _____________ एक खिड़की वस्तु की दागी संपत्ति है

ए] पथनाम

बी] प्रोटोकॉल

सी] डिफ़ॉल्टस्थिति

डी] होस्ट

39] डेटा टैनिंग को सक्षम करने के लिए, अंतिम उपयोगकर्ता _________ पर्यावरण चर सेट करता है]

ए] ENABLE_TAINT

बी] MS_ENABLE_TAINT

सी] NS_ENABLE_TAINT

डी] ENABLE_TAINT_NS

40] जावास्क्रिप्ट में, __________ लक्ष्य भाषा डेटा प्रकार का एक ऑब्जेक्ट है जो स्रोत भाषा के ऑब्जेक्ट को संलग्न करता है]

ए] एकरैपर

बी] एक लिंक

सी] एक कर्सर

डी] एक फॉर्म

41] जब जावा को जावास्क्रिप्ट ऑब्जेक्ट भेजा जाता है, तो रनटाइम इंजन __________ प्रकार का जावा रैपर बनाता है

ए] स्क्रिप्टऑब्जेक्ट

बी] जेएसओब्जेक्ट

सी] जावाऑब्जेक्ट

डी] जॉबजेक्ट

42] _______ वर्ग जावास्क्रिप्ट विधियों को लागू करने और जावास्क्रिप्ट गुणों की जांच के लिए एक इंटरफ़ेस प्रदान करता है]

ए] स्क्रिप्टऑब्जेक्ट

बी] जेएसओब्जेक्ट

सी] जावाऑब्जेक्ट

डी] जॉबजेक्ट

43] __________ एक लपेटा हुआ जावा सरणी है, जिसे जावास्क्रिप्ट कोड के भीतर से एक्सेस किया गया है]

ए] जावाअरे

बी] जावा क्लास

सी] जावाऑब्जेक्ट

डी] जावा पैकेज

44] एक _________ ऑब्जेक्ट जावा पैकेज में एक वर्ग का संदर्भ है, जैसे कि नेटस्केप]जावास्क्रिप्ट]

ए] जावाअरे

बी] जावाक्लास

सी] जावाऑब्जेक्ट

डी] जावा पैकेज

45] जावा कोड के लिए जावास्क्रिप्ट अपवाद __________ के उदाहरण के रूप में उपलब्ध है

ए] netscape.javascript.JSObject

बी] netscape.javascript.JSException

सी] netscape.plugin.JSException

डी] उपरोक्त में से कोई नहीं

46] जावास्क्रिप्ट त्रुटि होने पर कंसोल को स्वचालित रूप से खोलने के लिए निम्न में से कौन सा prefs]js में जोड़ा जाता है?

ए] user_pref ("जावास्क्रिप्ट] कंसोल] open_on_error", झूठा);

बी] user_pref ("javascript.console] open_error ", सच);

सी] user_pref ("javascript.console] open_error ", असत्य);

डी] user_pref ("javascript.console] open_on_error", सच);

47] हर बार कोई त्रुटि होने पर डायलॉग बॉक्स खोलने के लिए, निम्न में से क्या Prefs]js में जोड़ा जाता है?

ए] user_pref ("जावास्क्रिप्ट] Classic.error_alerts", सच);

बी] user_pref ("जावास्क्रिप्ट] Classic.error_alerts ", असत्य);

सी] user_pref ("जावास्क्रिप्ट] कंसोल.ओपन_ऑन_एरर ", सच);

डी] user_pref ("जावास्क्रिप्ट] कंसोल.ओपन_ऑन_एरर ", झूठा);

48] बटन ऑब्जेक्ट में ब्लर विधि का सिंटैक्स __________ है

ए] धुंधला ()

बी] धुंधला (विपरीत)

सी] धुंधला (मान)

डी] धुंधला (गहराई)

49] दस्तावेज़ ऑब्जेक्ट के लिए कैप्चर इवेंट मेथड का सिंटैक्स ________ है

ए] कैप्चरइवेंट्स ()

बी] कैप्चर एवेन्ट्स (तर्क घटना प्रकार)

सी] कैप्चरइवेंट्स (इवेंटटाइप)

डी] कैप्चरइवेंट्स (इवेंटवैल)

50] दस्तावेज़ वस्तु के लिए बंद विधि का वाक्य-विन्यास ________ है

ए] बंद करें (डीओसी)

बी] बंद करें (वस्तु)

सी] बंद करें (वैल)

डी] बंदकरें ()

1] प्रोग्रामिंग वातावरण जो एक ही विंडो से कोडिंग, संकलन, रनिंग और डिबगिंग की अनुमति देता है, कहलाता है

(ए) एकीकृतविकासपर्यावरण (आईडीई)

(बी) संपादक

(सी) हाइलाइटर

(डी) कंपाइलर

2] वीबीए का आईडीई समर्थन करता है क्योंकि यह यूजर इंटरफेस के डिजाइन के लिए ड्रैग एंड ड्रॉप दृष्टिकोण की अनुमति देता है

(ए) प्रक्रियात्मक दृष्टिकोण

(बी) रिवर्स दृष्टिकोण

(सी) रैपिडएप्लीकेशनडेवलपमेंट (आरएडी)

(डी) पोस्टफिक्स दृष्टिकोण

3] स्प्रेडशीट से डेटा के वीबीए परमिट

(पढ़ना

(बी) लेखन

(सी) पढ़नाऔरलिखनादोनों

(डी) न तो पढ़ना और न ही लिखना

4] वीबीए तैयार यूजर इंटरफेस घटकों का समर्थन करता है जैसे

(ए) यूजरफॉर्म, कमांडबटन

(बी) लेबल, टेक्स्टबॉक्स, कॉम्बोबॉक्स, लिस्टबॉक्स

(सी) टैबस्ट्रिप, विकल्प बटन, टॉगल बटन

(डी) उनसभी

5] वीबीए कक्षा मॉड्यूल के माध्यम से समर्थन करता है

(ए) ऑब्जेक्टओरिएंटेडप्रोग्रामिंगसिस्टम (ओओपीएस)

(बी) प्रक्रियात्मक प्रोग्रामिंग

(सी) कार्यात्मक प्रोग्रामिंग

(डी) संपत्ति आधारित मॉडल

6] वीबीए का उपयोग एमएस एक्सेल के माध्यम से स्वचालित करने के लिए किया जा सकता है

(ए) डाटा प्रोसेसिंग

(बी) रेखांकन

(सी) सेल मूल्यों तक पहुंचना

(डी) उनसभी

7] वीबीए कोड को एक मध्यवर्ती कोड में संकलित किया जाता है जिसे कोड कहा जाता है

(ए) पी-कोड

(बी) माइक्रो सॉफ्ट इंटरमीडिएट कोड (एमएसआईएल)

(सी) जावा वर्चुअल मशीन (जेवीएम) कोड

(डी) एंड्रॉइड वर्चुअल डिवाइस (एवीडी) कोड

8] एमएस एक्सेल वीबीए कोड निष्पादित करने के लिए बनाता है

(ए) रीयल टाइम कंप्यूटर

(बी) मोबाइल कंप्यूटर

(सी) टैबलेट कंप्यूटर

(डी) वायरलमशीन

9] _____ एमएस एक्सेल से वीबीए आईडीई खोलने का शॉर्टकट है

(ए) Alt+F11

(बी) Alt+F8

(सी) Ctrl+ब्रेक

(डी) Ctrl + जी

10] _______ VBA IDE में तत्काल विंडो खोलने का शॉर्टकट है

(ए) Alt+F11

(बी) Alt+F8

(सी) Ctrl+ब्रेक

(डी) Ctrl + जी

11] _______ मैक्रोज़ की सूची खोलने का शॉर्टकट है

(ए) Alt+F11

(बी) Alt+F8

(सी) Ctrl+ ब्रेक

(डी) Ctrl + जी

12] VBA IDE में प्रोग्राम के निष्पादन को रोकने का शॉर्टकट है

(ए) Alt+F11

(बी) Alt+F8

(सी) Ctrl+ ब्रेक

(डी) Ctrl + जी

13] _________ VBA IDE में चयनित घटक से संबंधित जानकारी प्रदर्शित करने का शॉर्टकट है

(ए) Ctrl+I

(बी) Ctrl+J

(सी) Ctrl + आर

(डी) Ctrl+Shift+I

14] ________ VBA IDE में एक घटक के गुणों और विधियों का शॉर्टकट है

(ए) Ctrl + में

(बी) <u>Ctrl+ जे</u>

(सी) Ctrl + आर

(डी) Ctrl+ Shift+ I

15]________ VBA IDE में प्रोजेक्ट एक्सप्लोरर प्रदर्शित करने का शॉर्टकट है

(ए) Ctrl + में

(बी) Ctrl+ जे

(सी) <u>Ctrl + आर</u>

(डी) Ctrl+ Shift+ I

16] ________ VBA IDE में चयनित तत्व के लिए पैरामीटर जानकारी प्रदर्शित करने का शॉर्टकट है

(ए) Ctrl +I

(बी) Ctrl+ जे

(सी) Ctrl + आर

(डी) <u>Ctrl+ Shift+ I</u>

17] ________VBA IDE में ब्रेकप्वाइंट जोड़ने का शॉर्टकट है

(ए) <u>F9</u>

(बी) F5

(सी) एफ1

(डी) F2

18] ________ VBA IDE में ऑब्जेक्ट ब्राउज़र प्रदर्शित करने का शॉर्टकट है

(ए) F9

(बी) F5

(सी) एफ1

(डी) <u>F2</u>

19] ________VBA IDE में गुण विंडो प्रदर्शित करने का शॉर्टकट है

(ए) <u>एफ4</u>

(बी) F5

(सी) एफ1

(डी) F2

20]__________संरचना तीन या अधिक विकल्पों वाले निर्णय के लिए उपयोगी है

एक स्विच

बी) <u>मामलेकाचयनकरें</u>

ग) समारोह

घ) सूची

21] वीबीए में एक कोडिंग, संकलन, रनिंग और डिबगिंग वातावरण है जिसे कहा जाता है

(ए) <u>एकीकृतविकासपर्यावरण (आईडीई)</u>

(बी) संपादक

(सी) हाइलाइटर

(डी) कंपाइलर

22] VBA में, फ़ंक्शन Asc दिए गए वर्ण मान को _______ सिस्टम में संख्यात्मक कोड में परिवर्तित करता है

(ए) <u>सूचनाविनिमयकेलिएअमेरिकीमानककोड (एएससीआईआई)</u>

(बी) डबल बाइट कैरेक्टर सेट (डीबीसीएस)

(सी) यूनिकोड

(डी) उनमें से कोई नहीं

23] वीबीए में, फंक्शन एएससीबी _______सिस्टम में दिए गए कैरेक्टर वैल्यू को न्यूमेरिक कोड में कनवर्ट करता है]

(ए) सूचना विनिमय के लिए अमेरिकी मानक कोड (एएससीआईआई)

(बी) <u>डबलबाइटकैरेक्टरसेट (डीबीसीएस)</u>

(सी) यूनिकोड

(डी) उनमें से कोई नहीं

24] VBA में, फंक्शन AscW _______सिस्टम में दिए गए कैरेक्टर वैल्यू को न्यूमेरिक कोड में कनवर्ट करता है

(ए) सूचना विनिमय के लिए अमेरिकी मानक कोड (एएससीआईआईई)

(बी) डबल बाइट कैरेक्टर सेट (डीबीसीएस)

(सी) <u>यूनिकोड</u>

(डी) उनमें से कोई नहीं

25] VBA में, फंक्शन Chr __________सिस्टम में दिए गए संख्यात्मक मान को वर्ण मान में परिवर्तित करता है

(ए) <u>सूचनाविनिमयकेलिएअमेरिकीमानककोड (एएससीआईआईई)</u>

(बी) डबल बाइट कैरेक्टर सेट (डीबीसीएस)

(सी) यूनिकोड

(डी) उनमें से कोई नहीं

26] VBA में, फंक्शन ChrB ________सिस्टम में दिए गए संख्यात्मक मान को वर्ण मान में परिवर्तित करता है]

(ए) सूचना विनिमय के लिए अमेरिकी मानक कोड (एएससीआईआई)

(बी) <u>डबलबाइटकैरेक्टरसेट (डीबीसीएस)</u>

(सी) यूनिकोड

(डी) उनमें से कोई नहीं

27] VBA में, फंक्शन ChrW __________सिस्टम में दिए गए संख्यात्मक मान को वर्ण मान में परिवर्तित करता है

(ए) सूचना विनिमय के लिए अमेरिकी मानक कोड (एएससीआईआई)

(बी) डबल बाइट कैरेक्टर सेट (डीबीसीएस)

(सी) <u>यूनिकोडसिस्टम</u>

(डी) उनमें से कोई नहीं

28] वीबीए में, सीएसटी फ़ंक्शन किसी भी डेटा को ______ प्रकार में परिवर्तित करता है

(ए) पूर्णांक

(बी) डबल

(सी) सिंगल

(डी) <u>स्ट्रिंग</u>

29] सीडीबीएल फ़ंक्शन स्ट्रिंग को __________ प्रकार में परिवर्तित करता है

(ए) पूर्णांक

(बी) <u>डबल</u>

(सी) सिंगल

(डी) स्ट्रिंग

30] वीबीए में, सीआईएनटी फ़ंक्शन स्ट्रिंग को ________ प्रकार में परिवर्तित करता है

(ए) <u>पूर्णांक</u>

(बी) डबल

(सी) सिंगल

(डी) स्ट्रिंग

31] VBA में, Csng फ़ंक्शन स्ट्रिंग को ________ प्रकार में परिवर्तित करता है]

(ए) पूर्णांक

(बी) डबल

(सी) <u>सिंगल</u>

(डी) स्ट्रिंग

32] वीबीए में, वैल फ़ंक्शन स्ट्रिंग को ________ प्रकार में परिवर्तित करता है

(ए) <u>संख्या</u>

(बी) बाइट

(सी) मुद्रा

(डी) दशमलव

33] VBA में, CByte फ़ंक्शन स्ट्रिंग को _______ प्रकार में परिवर्तित करता है

(एक संख्या

(बी) <u>बाइट</u>

(सी) मुद्रा

(डी) दशमलव

34] VBA में, CCur फंक्शन स्ट्रिंग को _______ प्रकार में परिवर्तित करता है

(एक संख्या

(बी) बाइट

(सी) <u>मुद्रा</u>

(डी) दशमलव

35] वीबीए में, सीएलएनजी फ़ंक्शन स्ट्रिंग को _______ प्रकार में परिवर्तित करता है

(ए) <u>लोंग</u>

(बी) बाइट

(सी) मुद्रा

(डी) दशमलव

36] वीबीए में, सीडीईसी फ़ंक्शन स्ट्रिंग को _______ प्रकार में परिवर्तित करता है

(एक संख्या

(बी) बाइट

(सी) मुद्रा

(डी) <u>दशमलव</u>

37] VBA में _______ फ़ंक्शन एक कस्टम त्रुटि संदेश बनाता है

(ए) प्रारूप

(बी) <u>सीवीईआरआर</u>

(सी) इनपुट बॉक्स

(डी) संदेशबॉक्स

38] वीबीए में _______ फ़ंक्शन 0, # और अल्पविराम (,) वाले दिए गए टेक्स्ट स्ट्रिंग्स के अनुसार एक संख्या को प्रारूपित करता है

(ए) <u>प्रारूप</u>

(बी) सीवीईआरआर

(सी) इनपुट बॉक्स

(डी) संदेशबॉक्स

39] वीबीए में बूलियन डेटा प्रकार का आकार _______ है

(ए) 1 बाइट

(बी) <u>2 बाइट्स</u>

(सी) 3 बाइट्स

(डी) 4 बाइट्स

40] वीबीए में बाइट डेटा प्रकार का आकार _______ है

(ए) <u>1 बाइट</u>

(बी) 2 बाइट्स

(सी) 3 बाइट्स

(डी) 4 बाइट्स

1] कंपनी पुनर्स्थापना विकल्प _______ में उपलब्ध है

ए) कंपनी रीसेट

बी) नई कंपनी

सी) <u>कंपनीकीजानकारी</u>

d) कंपनी संपादित करें

2] गेटवे ऑफ़ टैली से वर्तमान तिथि बदलने के लिए _______ दबाएं

ए) एफ1

बी) <u>F2</u>

ग) F3

घ) F4

3] टैली लेखांकन की _______ प्रणाली का समर्थन करता है

(ए) एकल प्रविष्टि

(बी) <u>दोहरीप्रविष्टि</u>

(सी) नो एंट्री

(डी) शून्य प्रविष्टि

4] टैली स्टॉक रखने के लिए _______ को बनाए रख सकता है, ताकि पुराने स्टॉक के समाप्त होने से पहले ताजा इन्वेंट्री आ सके

(ए) <u>पुन: क्रमस्तर</u>

(बी) लाभ

(सी) नुकसान

(डी) नकद

5] बैलेंस शीट _______ तब बनती है जब खाते टैली में बनाए जाते हैं

(ए) मैन्युअल रूप से

(बी) <u>स्वचालितरूपसे</u>

(सी) दूर से

(डी) बेतरतीब ढंग से

6] खाता डेबिट, क्रेडिट, संपत्ति और देनदारियों के विवरण को _______ कहा जाता है

(ए) स्टॉक और इन्वेंट्री रिपोर्ट

(बी) लाभ और हानि खाता

(सी) <u>बैलेंसशीट</u>

(डी) नकद शेष

7] गेटवे ऑफ़ टैली में _______ बटन दबाने से टैली में कंपनी की जानकारी खुल जाती है

(ए) <u>Alt+F3</u>

(बी) एफ 11

(सी) F5

(डी) F6

8]_______कुंजी दबाने से लेखांकन विशेषताएं खुल जाती हैं

(ए) Alt+F3

(बी) <u>एफ 11</u>

(सी) F5

(डी) F6

9] टैली में _______मेनू के माध्यम से पेरोल, बजट और परिदृश्य प्रबंधन को सक्षम किया जा सकता है

(ए) <u>लेखांकनविशेषताएं</u>

(बी) इन्वेंटरी विशेषताएं

(सी) वैधानिक और कराधान

(डी) उनमें से कोई नहीं

10] खाता समूह, खाता बही, बजट और परिदृश्य _______ के तहत टैली में उपलब्ध हैं

(ए) पेरोल जानकारी

(बी) इन्वेंटरी जानकारी

(सी) <u>खातोंकीजानकारी</u>

(डी) उनमें से कोई नहीं

11] सूची समूह, (श्रेणियां, यदि आवश्यक हो), आइटम, माप की इकाइयाँ, पुन: क्रम स्तर, इन्वेंट्री वाउचर, आदि टैली में _______ के तहत उपलब्ध हैं

(ए) पेरोल जानकारी

(बी) <u>इन्वेंटरीजानकारी</u>

(सी) खातों की जानकारी

(डी) उनमें से कोई नहीं

12] कर्मचारी समूह, कर्मचारी, उपस्थिति/उत्पादन प्रकार, वेतन शीर्ष, वेतन विवरण, वाउचर प्रकार इत्यादि टैली में उपलब्ध हैं।

(ए) <u>पेरोलजानकारी</u>

(बी) इन्वेंटरी जानकारी

(सी) खातों की जानकारी

(डी) उनमें से कोई नहीं

13]______ टैली में कॉन्ट्रा वाउचर बनाने का शॉर्टकट है

(ए) F6

(बी) F5

(सी) <u>F4</u>

(डी) F2

14]______ टैली में भुगतान वाउचर बनाने का शॉर्टकट है

(ए) F6

(बी) <u>F5</u>

(सी) F4

(डी) F2

15] ______ टैली में रसीद वाउचर बनाने का शॉर्टकट है

(ए) <u>F6</u>

(बी) F5

(सी) F4

(डी) F2

16] ______ टैली में एक कंपनी को कॉन्फ़िगर करने का शॉर्टकट है

(ए) F6

(बी) F5

(सी) F4

(डी) <u>एफ 12</u>

17] ______ गेटवे ऑफ टैली से अकाउंटिंग अवधि बदलने का शॉर्टकट है

(ए) एफ1

(बी) Alt+F1

(सी) <u>Alt+F2</u>

(डी) Alt+F3

18] ______ टैली में एक कंपनी को बंद करने का शॉर्टकट है

(ए) एफ1

(बी) <u>Alt+F1</u>

(सी) Alt+F2

(डी) Alt+F3

19] _______ गेटवे ऑफ टैली से कंपनी की जानकारी का शॉर्टकट है

(ए) एफ1

(बी) Alt+F1

(सी) Alt+F2

(डी) <u>Alt+F3</u>

20] _______ टैली में अकाउंटिंग वाउचर से इन्वेंट्री बटन का शॉर्टकट है

(ए) <u>Alt+F1</u>

(बी) Ctrl+F1

(सी) F7

(डी) F8

21]_______ टैली में अकाउंटिंग वाउचर से पेरोल बटन का शॉर्टकट है

(ए) Alt+F1

(बी) <u>Ctrl+F1</u>

(सी) F7

(डी) F8

22] _______ टैली में अकाउंटिंग वाउचर से जर्नल का शॉर्टकट है

(ए) Alt+F1

(बी) Ctrl+F1

(सी) <u>F7</u>

(डी) F8

23] _______ टैली में अकाउंटिंग वाउचर से बिक्री वाउचर का शॉर्टकट है

(ए) Alt+F1

(बी) Ctrl+F1

(सी) एफ 9

(डी) <u>F8</u>

24] _______ टैली में अकाउंटिंग वाउचर से वाउचर खरीदने का शॉर्टकट है

(ए) Alt+F1

(बी) Ctrl+F1

(सी) <u>एफ 9</u>

(डी) F8

25] _______ टैली में अकाउंटिंग वाउचर से क्रेडिट नोट का शॉर्टकट है

(ए) Alt+F1

(बी) Ctrl+F1

(सी) Ctrl+F9

(डी) <u>Ctrl+F8</u>

26] _______ टैली में अकाउंटिंग वाउचर से नोट डेबिट करने का शॉर्टकट है]

(ए) Alt+F1

(बी) Ctrl+F1

(सी) <u>Ctrl+F9</u>

(डी) Ctrl+F8

27] _______ टैली में अकाउंटिंग वाउचर से जर्नल को उलटने का शॉर्टकट है

(ए) <u>एफ 10</u>

(बी) Ctrl+F10

(सी) Alt+I

(डी) Alt+V

28] _______ टैली में अकाउंटिंग वाउचर से जर्नल को उलटने का शॉर्टकट है

(ए) <u>एफ 10</u>

(बी) Ctrl+F10

(सी) Alt+I

(डी) Alt+V

29] _______ टैली में अकाउंटिंग वाउचर से मेमो का शॉर्टकट है

(ए) एफ 10

(बी) <u>Ctrl+F10</u>

(सी) Alt+I

(डी) Alt+V

30] _______ टैली में अकाउंटिंग वाउचर से अकाउंटिंग इनवॉयस का शॉर्टकट है

(ए) एफ 10

(बी) Ctrl+F10

(सी) <u>Alt +I</u>

(डी) Alt +V

31] _______ टैली में अकाउंटिंग वाउचर से चालान के रूप में वाउचर का शॉर्टकट है

(ए) एफ 10

(बी) Ctrl+F10

(सी) Alt +I

(डी) <u>Ctrl + वी</u>

32] _______ टैली में अकाउंटिंग वाउचर से पोस्टडेटेड वाउचर का शॉर्टकट है

(ए) <u>Ctrl + टी</u>

(बी) Ctrl+F10

(सी) Alt +I

(डी) Ctrl + वी

33] _______ टैली में अकाउंटिंग वाउचर से वैकल्पिक वाउचर का शॉर्टकट है

(ए) Ctrl + टी

(बी) <u>Ctrl + एल</u>

(सी) Alt +I

(डी) Ctrl + वी

34] _______ टैली में पेरोल वाउचर से पेरोल का शॉर्टकट है

(ए) ऑल्ट + ए

(बी) Alt+ एस

(सी) <u>Ctrl + F5</u>

(डी) Alt+F4

35] _______ टैली में पेरोल वाउचर से उपस्थिति का शॉर्टकट है

(ए) ऑल्ट + ए

(बी) Alt+ एस

(सी) Ctrl+F5

(डी) <u>Ctrl+F4</u>

36] _______ टैली में पेरोल वाउचर से वाउचर के रूप में पेरोल का शॉर्टकट है

(ए) ऑल्ट + ए

(बी) <u>Alt+ एस</u>

(सी) Ctrl+F5

(डी) Ctrl+F4

37] _______ टैली में पेरोल वाउचर से पेरोल ऑटो फिल का शॉर्टकट है

(ए) <u>ऑल्ट + ए</u>

(बी) ऑल्ट + एस (सी) Ctrl + F5

(डी) Ctrl+F4

38] _______ टैली में पेरोल वाउचर से ऑर्डर खरीदने का शॉर्टकट है

(ए) <u>Alt+F4</u>

(बी) Alt+F5

(सी) Ctrl+F5

(डी) Ctrl+F4

39] _______ टैली में पेरोल वाउचर से बिक्री आदेश का शॉर्टकट है

(ए) Alt+F4

(बी) Alt+F5

(सी) Ctrl+F5

(डी) Ctrl+F4

40] _______ टैली में इन्वेंटरी वाउचर से भौतिक स्टॉक सत्यापन का शॉर्टकट है

(ए) Alt+F4

(बी) Alt+F5

(सी) Alt+F7

(डी) Alt+F10

41] _______ टैली में इन्वेंटरी वाउचर से स्टॉक जर्नल का शॉर्टकट है

(ए) Alt+F4

(बी) Alt+F5

(सी) Alt+F7

(डी) Alt+F10

42] _______ टैली में इन्वेंटरी वाउचर से अस्वीकृति का शॉर्टकट है

(ए) Alt+F6

(बी) Ctrl+F6

(सी) Alt+F8

(डी) Alt+F9

43] _______ टैली में इन्वेंटरी वाउचर से अस्वीकृति का शॉर्टकट है

(ए) Alt+F6

(बी) Ctrl+F6

(सी) Alt+F8

(डी) Alt+F9

44] _______ टैली में इन्वेंटरी वाउचर से इंडेंट का शॉर्टकट है

(ए) Alt+F6

(बी) Ctrl+F7

(सी) Alt+F8

(डी) Alt+F9

45] _______ टैली में इन्वेंटरी वाउचर से डिलीवरी नोट का शॉर्टकट है

(ए) Alt+F6

(बी) Ctrl+F7

(सी) Alt+F8

(डी) Alt+F9

46] _______ टैली में इन्वेंटरी वाउचर से नोट प्राप्त करने का शॉर्टकट है

(ए) Alt+F6

(बी) Ctrl+F7

(सी) Alt+F8

(डी) Alt+F9

47] टैली लेखांकन की _______ प्रविष्टि प्रणाली का उपयोग करके खाते का रखरखाव करता है

(एक भी

(बी) डबल

(सी) ट्रिपल

(डी) चौगुनी

48] डेबिट और क्रेडिट कॉलम में प्रत्येक लेनदेन को दर्ज करना लेखांकन की _____ प्रविष्टि प्रणाली कहलाता है

(एक भी

(बी) डबल

(सी) ट्रिपल

(डी) चौगुनी

49] टैली का उपयोग करके विशिष्ट उद्देश्यों के लिए धन के पूर्व आवंटन को _____ कहा जाता है

(ए) बजटिंग

(बी) परिदृश्य

(सी) सूची

(डी) वाउचर प्रविष्टि

50] बजट आवंटन के खिलाफ खर्च की प्रगति की तुलना ट्रायल बैलेंस में _______ मेनू का उपयोग करके मूल कंपनी के ट्रायल बैलेंस से की जा सकती है।

(ए) बजट (ऑल्ट + बी)

(बी) कॉलम (Alt + C)

(सी) F6

(डी) F7

उत्तर] ए

1] निम्नलिखित में से कौन ई-कॉमर्स का वर्णन करता है?

ए] इलेक्ट्रॉनिकरूपसेव्यापारकरना

बी] व्यापार करना

सी] माल की बिक्री

D] उपरोक्त सभी

2] निम्नलिखित में से कौन ई-कॉमर्स के चार मुख्य प्रकारों में से एक है?

ए] बी2बी

बी] बी2सी

सी] सी2बी

डी] उपरोक्तसभी

3] eBay, Amazon]com किस सेगमेंट से संबंधित है?

ए] बी2बीएस

बी] बी 2सीएस

सी] c2bs

डी] c2cs

4] किस प्रकार का ई-कॉमर्स एक दूसरे के साथ व्यवहार करने वाले उपभोक्ताओं पर केंद्रित है?

ए] बी2बी

बी] बी2सी

सी] सी2बी

डी] सी2सी

5] ईबे कौन सा खंड एक उदाहरण है?

ए] बी2बी

बी] सी2बी

सी] सी2सी

डी] उपरोक्तमेंसेकोईनहीं

6] किस प्रकार की नीलामी से संबंधित है?

ए] बी2बी

बी] बी2सी

सी] सी2बी

डी] सी2सी

7] ग्लोबल ईज़ी बाय की सुविधा किस वेबसाइट में है?

ए] eBay.com

बी] amazon.com

सी] yepme.com

डी] इनमें से कोई नहीं

8] B2C ई-कॉमर्स में बेचने के लिए सबसे अच्छे उत्पाद हैं:

ए] छोटे उत्पाद

बी] <u>डिजिटलउत्पाद</u>

सी] विशेष उत्पाद

डी] ताजा उत्पाद

9] इंटरनेट पर लोगों को कौन से उत्पाद खरीदने में सबसे अधिक असहजता होती है?

ए] किताबें

बी] <u>फर्नीचर</u>

सी] फिल्में

D] उपरोक्त सभी

10] इंटरनेट पर कौन से उत्पाद खरीदने में लोगों के लिए सबसे अधिक सहज होने की संभावना है?

ए] किताबें

बी] पीसी

सी] सीडी

डी] <u>उपरोक्तसभी</u>

11] डिजिटल उत्पाद B2C ई-कॉमर्स के लिए सबसे उपयुक्त हैं क्योंकि वे:

ए] उत्पाद जैसे उत्पाद हैं

बी] बड़े पैमाने पर अनुकूलित और वैयक्तिकृत किया जा सकता है

सी] खरीद के समय वितरित किया जा सकता है

डी] <u>उपरोक्तसभी</u>

12] सभी व्यावसायिक जरूरतों का समाधान है

ए] एडी

बी] <u>ईआरपी</u>

सी] एससीएम

डी] उपरोक्त में से कोई नहीं

13] निम्नलिखित सभी तकनीकें बी2सी ई-कॉमर्स कंपनियां ग्राहकों को आकर्षित करने के लिए उपयोग करती हैं, सिवाय इसके:

ए] खोज इंजन के साथ पंजीकरण

बी] वायरल मार्केटिंग

सी] ऑनलाइन विज्ञापन

डी] <u>आभासीविपणन</u>

14] जो ई-कॉमर्स का एक कार्य है

ए] मार्केटिंग

बी] विज्ञापन

सी] भंडारण

डी] <u>उपरोक्तसभी</u>

15] जो ई-कॉमर्स का कार्य नहीं है

ए] मार्केटिंग

बी] विज्ञापन

सी] <u>भंडारण</u>

डी] उपरोक्त में से कोई नहीं

16] कौन सा शब्द उन लोगों की संख्या का प्रतिनिधित्व करता है जो एक साइट पर जाते हैं, एक विज्ञापन पर क्लिक करते हैं, और विज्ञापनदाता की साइट पर ले जाया जाता है?

ए] संबद्ध कार्यक्रम

बी] <u>क्लिक-थ्रू</u>

सी] स्पैम

D] उपरोक्त सभी

17] वेब साइट पर आने वाले और वास्तव में कुछ खरीदने वाले ग्राहकों का प्रतिशत क्या है?

ए] संबद्ध कार्यक्रम

बी] क्लिक-थ्रू

सी] स्पैम

डी] <u>रूपांतरणादर</u>

18] एक निर्माण कंपनी में उत्पादन में उपयोग की जाने वाली सामग्री क्या है या खुदरा वातावरण में बिक्री के लिए शेल्फ पर रखी जाती है?

ए] <u>प्रत्यक्षसामग्री</u>

बी] अप्रत्यक्ष सामग्री

सी] एडी

डी] उपरोक्त में से कोई नहीं

19] ऐसी कौन सी सामग्रियां हैं जो आधुनिक निगम चलाने के लिए आवश्यक हैं, लेकिन कंपनी की प्राथमिक व्यावसायिक गतिविधियों से संबंधित नहीं हैं?

ए] प्रत्यक्ष सामग्री

बी] <u>अप्रत्यक्षसामग्री</u>

सी] एडी

डी] उपरोक्त में से कोई नहीं

20] एक क्लोदिंग कंपनी द्वारा खरीदे गए बॉलपॉइंट पेन क्या हैं?

ए] प्रत्यक्ष सामग्री

बी] <u>अप्रत्यक्षसामग्री</u>

सी] एडी

डी] उपरोक्त में से कोई नहीं

21] दूसरा नाम किस लिए है?

ए] प्रत्यक्ष सामग्री

बी] <u>अप्रत्यक्षसामग्री</u>

सी] एडी

डी] उपरोक्त में से कोई नहीं

22] वह प्रक्रिया क्या है जिसमें एक खरीदार एक निश्चित मात्रा में वस्तुओं को खरीदने में अपनी रुचि रखता है, और विक्रेता केवल एक विक्रेता के बचे रहने तक क्रमिक रूप से कम बोलियां जमा करके व्यवसाय के लिए प्रतिस्पर्धा करते हैं?

ए] बी2बी मार्केटप्लेस

बी] इंट्रानेट

सी] <u>रिवर्सनीलामी</u>

डी] इंटरनेट

23] एक क्रेडिट कार्ड के आकार के प्लास्टिक कार्ड क्या होते हैं जिसमें एक एम्बेडेड चिप होती है जिस पर डिजिटल जानकारी संग्रहीत की जा सकती है?

ए] ग्राहक संबंध प्रबंधन प्रणाली कार्ड

बी] ई-सरकारी पहचान पत्र

सी] फेडी कार्ड

डी] <u>स्मार्टकार्ड</u>

24] अधिकांश व्यक्ति ई-कॉमर्स के किस रूप से परिचित हैं?

ए] बी2बी

बी] बी <u>2 सी</u>

सी] सी2बी

डी] सी2सी

25] ई-कॉमर्स के किस रूप में वर्तमान में सभी ई-कॉमर्स राजस्व का लगभग 97% हिस्सा है?

ए] <u>बी2बी</u>

बी] बी2सी

सी] सी2बी

डी] सी2सी

26] निम्नलिखित में से कौन से फायदे आमतौर पर B2B ई-कॉमर्स से जुड़े हैं?

ए] छोटा चक्र समय

बी] लागत में कमी

सी] व्यापक दर्शकों तक पहुंचता है

डी] <u>उपरोक्तसभी</u>

27] यदि स्थानापन्न उत्पादों या सेवाओं का खतरा कम है तो यह एक (एन) है:

ए] आपूर्तिकर्ता को नुकसान

बी] खरीदार को लाभ

सी] <u>आपूर्तिकर्ताकोलाभ</u>

डी] उपरोक्त में से कोई नहीं

28] नए प्रवेशकों का खतरा तब अधिक होता है जब:

ए] ग्राहकों के लिए बाजार में प्रवेश करना कठिन

बी] प्रतिस्पर्धियों के लिए बाजार में प्रवेश करना कठिन

सी] <u>प्रतियोगियोंकेलिएबाजारमेंप्रवेशकरनाआसानहै</u>

डी] ग्राहकों के लिए बाजार में प्रवेश करना आसान

29] यदि प्रतिस्पर्धियों के लिए बाजार में प्रवेश करना आसान है, तो नए प्रवेशकों के खतरे पर विचार किया जाता है:

ए] <u>उच्च</u>

फूँक मारना

सी] अधिक

डी] कम

30] एक उद्योग आपूर्तिकर्ताओं के लिए कम आकर्षक होता है जब मौजूदा प्रतिस्पर्धियों के बीच प्रतिद्वंदिवता होती है:

ए] <u>उच्च</u>

फूँक मारना

सी] अधिक

डी] कम

31] विशिष्ट मूल्य की नीलामी मुख्य रूप से किस पर लागू होती है?

ए] नए उत्पाद

बी] <u>सेकेंडहैंडउत्पाद</u>

सी] इंजीनियरिंग उत्पाद

डी] उपरोक्त में से कोई नहीं

32] पैसापे की सुविधा में है

ए] <u>ईबे]co.in</u>

बी] amazon.com

सी] Flipkart.com

डी] उपरोक्त में से कोई नहीं

33] व्यापार रणनीति और आईटी पर विचार करते समय निम्नलिखित में से कौन सा एक उपयोगी सुरक्षा तंत्र है?

ए] एन्क्रिप्शन

बी] डिक्रिप्शन

सी] फ़ायरवॉल

डी] <u>उपरोक्तसभी</u>

34] निम्नलिखित में से कौन सुरक्षा तंत्र से संबंधित नहीं है

ए] एन्क्रिप्शन

बी] डिक्रिप्शन

सी] <u>ई-कैश</u>

डी] उपरोक्त सभी

35] एक उत्पाद या सेवा जिसकी ग्राहक एक उद्योग से अपेक्षा करते हैं, जिसे नए प्रवेशकों द्वारा पेश किया जाना चाहिए, यदि वे प्रतिस्पर्धा और जीवित रहना चाहते हैं, तो उसे (एन) के रूप में जाना जाता है?

ए] स्विचिंग लागत

बी] वफादारी कार्यक्रम

सी] <u>प्रवेशबाधाएं</u>

डी] संबद्ध कार्यक्रम

36] निम्नलिखित में से कौन सा कथन प्रौद्योगिकी के प्रभाव को सटीक रूप से दर्शाता है?

ए] प्रौद्योगिकी ने खरीदार की शक्ति में वृद्धि की है

बी] प्रौद्योगिकी ने कई उद्योगों के लिए प्रवेश बाधाओं को कम कर दिया है

C] प्रौद्योगिकी ने स्थानापन्न उत्पादों और सेवाओं के खतरे को बढ़ा दिया है

डी] <u>उपरोक्तसभी</u>

37] एक व्यवसाय सभी लोगों के लिए सब कुछ नहीं हो सकता है] इसके बजाय, एक व्यवसाय को यह करना चाहिए:

ए] लक्षित ग्राहकों की पहचान करें

बी] ग्राहकों द्वारा समझे जाने वाले उत्पादों / सेवाओं के मूल्य की पहचान करें

सी] <u>उपरोक्तसभी</u>

डी] उपरोक्त में से कोई नहीं

38] ई-कॉमर्स में लेनदेन कैसे होता है?

ए] <u>ई-मीडियाकाउपयोगकरना</u>

B] केवल कंप्यूटर का उपयोग करना

सी] केवल मोबाइल फोन का उपयोग करना

डी] उपरोक्त में से कोई नहीं

39] ई-कॉमर्स का उपयोग करके किस प्रकार के उत्पाद कम खरीदे जाते हैं?

ए] <u>ऑटोमोबाइल</u>

बी] किताबें

सी] सॉफ्टवेयर्स

डी] कोई नहीं

40] एक वस्तु जैसे पर्यावरण में प्रतिस्पर्धा करने वाले व्यवसाय को निम्नलिखित में से किस पर ध्यान देना चाहिए?

मूल्य

बी] डिलीवरी की आसानी / गति

सी] ऑर्डर करने में आसानी

डी] <u>उपरोक्तसभी</u>

41] निम्नलिखित में से कौन व्यक्तिगत ग्राहकों के अनुरूप उत्पाद बनाने को संदर्भित करता है?

ए] <u>अनुकूलन</u>

बी] एकत्रीकरण

सी] प्रत्यक्ष सामग्री

डी] रिवर्स नीलामी

42] किसी व्यवसाय के सामान्य संचालन में प्रयुक्त सामग्री लेकिन प्राथमिक व्यवसाय संचालन से संबंधित नहीं क्या कहलाती है?

ए] आपूर्ति

बी] प्रत्यक्ष सामग्री

सी] <u>अप्रत्यक्षसामग्री</u>

डी] दैनिक सामान

43] Amazon]com किस ई-कॉमर्स मार्केटिंग तकनीक के लिए प्रसिद्ध है?

ए] बैनर विज्ञापन

बी] पॉप-अप विज्ञापन

सी] <u>सहबद्धधकार्यक्रम</u>

डी] वायरल मार्केटिंग

44] एक केंद्रीकृत बाजार प्रदान करने वाले एक इंटरैक्टिव व्यवसाय को क्या नाम दिया गया है जहां कई खरीदार और आपूर्तिकर्ता ई-कॉमर्स या वाणिज्य से संबंधित गतिविधियों के लिए एक साथ आ सकते हैं?

ए] प्रत्यक्ष बाज़ार

बी] बी2बी

सी] बी2सी

डी] <u>इलेक्ट्रॉनिकमार्केटप्लेस</u>

45] ई-मार्केटप्लेस का कौन सा रूप अक्सर एमआरओ सामग्री के लिए कई उद्योगों के खरीदारों और विक्रेताओं को एक साथ लाता है?

ए] <u>क्षैतिज</u>

बी] लंबवत

सी] एकीकृत

डी] झुका हुआ

46] ई-मार्केटप्लेस का कौन सा रूप एक ही उद्योग के खरीदारों और विक्रेताओं को एक साथ लाता है?

ए] क्षैतिज

बी] <u>लंबवत</u>

सी] एकीकृत

डी] झुका हुआ

47] वेब पेज पर किस प्रकार का ऐड दिखाई देता है?

ए] पॉप-अंडर विज्ञापन

बी] पॉप-अप विज्ञापन

सी] <u>बैनरविज्ञापन</u>

डी] छूट विज्ञापन

48] वेब पेज के शीर्ष पर किस प्रकार का विज्ञापन प्रदर्शित होता है?

ए] पॉप-अंडर विज्ञापन

बी] <u>पॉप-अपविज्ञापन</u>

सी] बैनर विज्ञापन

डी] छूट विज्ञापन

49] वेब पेज के अंतर्गत किस प्रकार का विज्ञापन प्रदर्शित होता है?

ए] <u>पॉप-अंडरविज्ञापन</u>

बी] पॉप-अप विज्ञापन

सी] बैनर विज्ञापन

डी] छूट विज्ञापन

50] निम्नलिखित में से कौन सा विज्ञापन, यदि कोई है, तो लोग सहन करने के लिए सबसे अधिक इच्छुक हैं?

ए] पॉप-अंडर विज्ञापन

बी] पॉप-अप विज्ञापन

सी] बैनर विज्ञापन

डी] उपरोक्तमेंसेकोईनहीं

Q. 1 _______ मूल्यवान जानकारी को अनधिकृत पहुंच, रिकॉर्डिंग, प्रकटीकरण या विनाश से बचाने के लिए अपनाई जाने वाली प्रथा और सावधानियां हैं।

ए] नेटवर्क सुरक्षा

बी] डेटाबेस सुरक्षा

सी] सूचनासुरक्षा

डी] शारीरिक सुरक्षा

Q. 2 _______ प्लेटफॉर्म का उपयोग क्लाउड में सूचना की सुरक्षा और सुरक्षा के लिए किया जाता है।

ए] क्लाउडवर्कलोडप्रोटेक्शनप्लेटफॉर्म

बी] क्लाउड सुरक्षा प्रोटोकॉल

सी] एडब्ल्यूएस

डी] वन ड्राइव

प्र. 3 गोपनीय जानकारी से समझौता करना _______ के अंतर्गत आता है।

एक दोष

बी] धमकी

सी] भेद्यता

डी] हमला

Q. 4 किसी सिस्टम या नेटवर्क को नुकसान पहुंचाने, नुकसान पहुंचाने या खतरा पैदा करने के प्रयास को मोटे तौर पर _______ कहा जाता है

ए] साइबर अपराध

बी] साइबरअटैक

सी] सिस्टम अपहरण

डी] डिजिटल अपराध

Q. 5 CIA ट्रायड को अक्सर निम्नलिखित में से किसके द्वारा दर्शाया जाता है?

ए] त्रिभुज

बी] विकर्ण

सी] अंडाकार

डी] सर्कल

Q. 6 सूचना सुरक्षा से संबंधित, गोपनीयता निम्नलिखित में से किसके विपरीत है?

ए] क्लोजर

बी] प्रकटीकरण

सी] आपदा

डी] निपटान

Q. 8 _________ का अर्थ अज्ञात उपयोगकर्ताओं द्वारा संशोधन से डेटा की सुरक्षा है।

ए] गोपनीयता

बी] वफ़ादारी

सी] प्रमाणीकरण

डी] गैर-अस्वीकृति

Q. 9 _______ सूचना का अर्थ है, केवल अधिकृत उपयोगकर्ता ही जानकारी तक पहुँचने में सक्षम हैं।

ए] गोपनीयता

बी] वफ़ादारी

सी] गैर-अस्वीकृति

डी] उपलब्धता

प्र. 10 यह सूचना के मूल और प्रामाणिक उपयोगकर्ता की पहचान करने में मदद करता है। इसे यहाँ _________ के रूप में संदर्भित किया गया है

ए] गोपनीयता

बी] वफ़ादारी

सी] प्रामाणिकता

डी] उपलब्धता

Q. 11 डेटा _________ का उपयोग गोपनीयता सुनिश्चित करने के लिए किया जाता है।

ए] एन्क्रिप्शन

बी] लॉकिंग

सी] डिक्रिप्शन

डी] बैकअप

Q. 12 OSI सुरक्षा आर्किटेक्चर में OSI का क्या अर्थ है?

ए] ओपन सिस्टम इंटरफेस

बी] ओपनसिस्टमइंटरकनेक्शन

सी] ओपन सोर्स इनिशिएटिव

डी] मानक इंटरकनेक्शन खोलें

प्र. 13 एक कंपनी को अपने उपयोगकर्ताओं को हर महीने पासवर्ड बदलने की आवश्यकता होती है। यह नेटवर्क के ________ में सुधार करता है।

एक प्रदर्शन

बी] विश्वसनीयता

सी] <u>सुरक्षा</u>

डी] उपरोक्त में से कोई नहीं

Q. 14 संदेश सामग्री का विमोचन और यातायात विश्लेषण दो प्रकार के __________ हमले हैं।

ए] सक्रिय हमला

बी] हमले का संशोधन

सी] <u>निष्क्रियहमला</u>

डी] डॉस अटैक

Q. 15 __________ एन्क्रिप्टेड टेक्स्ट है।

ए] सिफर स्क्रिप्ट

बी] <u>सिफरटेक्स्ट</u>

सी] गुप्त पाठ

डी] गुप्त लिपि

Q. 17 निम्नलिखित में से कौन सा एल्गोरिदम सममित एन्क्रिप्शन से संबंधित नहीं है

ए] 3 डीईएस (ट्रिपलडेस)

बी] <u>आरएसए</u>

सी] आरसी5

डी] आइडिया

Q. 18 सममित एन्क्रिप्शन का सबसे बड़ा नुकसान कौन सा है?

ए] अधिक जटिल और इसलिए अधिक समय लेने वाली गणना।

बी] <u>गुप्तकुंजीकेसुरक्षितसंचरणकीसमस्या।</u>

सी] कम सुरक्षित एन्क्रिप्शन फ़ंक्शन।

डी] अब और उपयोग नहीं किया जाता है।

प्रश्न 19 क्रिप्टोग्राफी में, सिफर क्या है?

ए] <u>एन्क्रिप्शनऔरडिक्रिप्शनकरनेकेलिएएल्गोरिदम</u>

बी] एन्क्रिप्टेड संदेश

सी] एन्क्रिप्शन और डिक्रिप्शन और एन्क्रिप्टेड संदेश करने के लिए दोनों एल्गोरिदम

डी] डिक्रिप्टेड संदेश

प्रश्न 21 निम्नलिखित में से कौन सा एल्गोरिथम असममित-कुंजी क्रिप्टोग्राफी में उपयोग नहीं किया जाता है?

ए] आरएसए एल्गोरिदम

बी] डिफी-हेलमैन एल्गोरिदम

सी] <u>इलेक्ट्रॉनिककोडबुकएल्गोरिदम</u>

डी] डीएसए एल्गोरिथ्म

प्र. 23 डेटा एन्क्रिप्शन मानक (डीईएस) क्या है?

ए] ब्लॉकसिफर

बी] स्ट्रीम सिफर

सी] बिट सिफर

डी] बाइट सिफर

Q. 24 एक असममित-कुंजी (या सार्वजनिक कुंजी) सिफर का उपयोग करता है

ए] 1 कुंजी

बी] 2 कुंजी

सी] 3 कुंजी

डी] 4 कुंजी

Q. 26 ___________ साधारण सादे पाठ को विकृत अमानवीय पठनीय पाठ और इसके विपरीत में परिवर्तित करने के लिए उपयोग की जाने वाली प्रक्रिया या तंत्र है।

ए] मैलवेयर विश्लेषण

बी] शोषण लेखन

सी] रिवर्स इंजीनियरिंग

डी] क्रिप्टोग्राफी

Q.27 _________________ एक विशिष्ट प्रारूप में सूचनाओं को संग्रहीत करने और प्रसारित करने का एक साधन है, ताकि केवल वही लोग इसे समझ सकें या संसाधित कर सकें जिनके लिए इसकी योजना बनाई गई है।

ए] मैलवेयर विश्लेषण

बी] क्रिप्टोग्राफी

सी] रिवर्स इंजीनियरिंग

डी] शोषण लेखन

Q. 28 क्रिप्टोग्राफिक एल्गोरिदम गणितीय एल्गोरिदम पर आधारित हैं जहां ये एल्गोरिदम डेटा के सुरक्षित परिवर्तन के लिए ___________ का उपयोग करते हैं।

ए] गुप्तकुंजी

बी] बाहरी कार्यक्रम

सी] ऐड-ऑन

डी] माध्यमिक कुंजी

Q. 29 पारंपरिक क्रिप्टोग्राफी को __________ या सममित-कुंजी एन्क्रिप्शन के रूप में भी जाना जाता है।

ए] गुप्तकुंजी

बी] सार्वजनिक कुंजी

सी] संरक्षित कुंजी

डी] प्राथमिक कुंजी

Q. 30 अंतिम ब्लॉक में बिट्स जोड़ने की प्रक्रिया को __________ कहा जाता है

ए] डिक्रिप्शन

बी] हैशिंग

सी] ट्यूनिंग

डी] पैडिंग

Q. 32 ECC एन्क्रिप्शन सिस्टम __________ है

ए] सममित कुंजी एन्क्रिप्शन एल्गोरिदम

बी] असममितकुंजीएन्क्रिप्शनएल्गोरिदम

सी] एक एन्क्रिप्शन एल्गोरिदम नहीं

डी] ब्लॉक सिफर विधि

Q. 33 _________ फंक्शन एक संदेश से एक संदेश डाइजेस्ट बनाता है।

ए] एन्क्रिप्शन

बी] डिक्रिप्शन

सी] हैश

डी] उपरोक्त में से कोई नहीं

Q. X.509 प्रमाणपत्रों में 34 एक्सटेंशन संस्करण ____ में जोड़े गए थे

ए] 1

बी] 2

सी] 3

डी] 4

Q. 35 एक डिजिटल हस्ताक्षर के लिए ____ प्रणाली की आवश्यकता होती है

ए] सममित-कुंजी

बी] असममित-कुंजी

सी] या तो (ए) या (बी)

डी] न तो (ए) और न ही (बी)

Q. 36 अण्डाकार वक्र क्रिप्टोग्राफी साहचर्य संपत्ति का अनुसरण करती है।

सत्य

बी] FALSE

Q. 37 ECC का मतलब है

ए] अण्डाकार वक्र क्रिप्टोग्राफी

बी] एन्हांस्ड कर्व क्रिप्टोग्राफी

सी] अण्डाकार शंकु क्रिप्टोग्राफी

डी] ग्रहणवक्रक्रिप्टोग्राफी

Q. 38 जब संदेश प्रमाणीकरण प्रदान करने के लिए हैश फ़ंक्शन का उपयोग किया जाता है, तो हैश फ़ंक्शन मान को कहा जाता है

ए] संदेश फ़ील्ड

बी] संदेश डाइजेस्ट

सी] संदेश स्कोर

डी] <u>संदेशछलांग</u>

Q. 39 संदेश प्रमाणीकरण कोड को के रूप में भी जाना जाता है

ए] कुंजी कोड

बी] <u>हैशकोड</u>

सी] कुंजीबद्ध हैश फ़ंक्शन

Q. 40 MAC और डिजिटल हस्ताक्षर में मुख्य अंतर यह है कि, डिजिटल हस्ताक्षर में संदेश का हैश मान उपयोगकर्ता की सार्वजनिक कुंजी के साथ एन्क्रिप्ट किया जाता है।

सत्य

बी] <u>FALSE</u>

Q. 41 DSS हस्ताक्षर किस हैश एल्गोरिथम का उपयोग करता है?

ए] एमडी 5

बी] एसएचए-2

सी] <u>एसएचए-1</u>

डी] हैश एल्गोरिथम का उपयोग नहीं करता है

प्र. 42 MD5 और SHA-1 प्रसंस्करण के बाद RSA हस्ताक्षर हैश का आकार क्या है?

ए] 42 बाइट्स

बी] 32 बाइट्स

सी] <u>36 बाइट्स</u>

डी] 48 बाइट्स

Q. 43 हैंडशेक प्रोटोकॉल में क्लाइंट और सर्वर के बीच सबसे पहले कौन सा मैसेज टाइप भेजा जाता है?

ए] सर्वर_हैलो

बी] <u>क्लाइंट_हैलो</u>

सी] hello_request

डी] प्रमाणपत्र_अनुरोध

Q. 44 आमतौर पर इस्तेमाल की जाने वाली सार्वजनिक-कुंजी क्रिप्टोग्राफी पद्धति _______ एल्गोरिदम है।

ए] आरएसएस

बी] रसो

सी] <u>आरएसए</u>

डी] आरएए

Q. 45 _________ विधि दो पक्षों के लिए एक बार की सत्र कुंजी प्रदान करती है।

ए] <u>डिफी-हेलमैन</u>

बी] आरएसए

सी] देस

डी] एईएस

Q. 46 यदि दो पक्ष एक दूसरे के लिए प्रमाणित नहीं हैं, तो __________ हमला डिफी-हेलमैन पद्धति की सुरक्षा को खतरे में डाल सकता है।

ए] <u>मैन-इन-द-बीच</u>

बी] सिफरटेक्स्ट हमला

सी] सादा पाठ हमला

डी] उपरोक्त में से कोई नहीं

Q. 48 VPN को __________ के रूप में संक्षिप्त किया गया है

ए] विजुअल प्राइवेट नेटवर्क

बी] वर्चुअल प्रोटोकॉल नेटवर्क

सी] <u>वर्चुअलप्राइवेटनेटवर्क</u>

डी] वर्चुअल प्रोटोकॉल नेटवर्किंग

Q. 49 __________ निजी तौर पर डेटा भेजने और प्राप्त करने के लिए एक सार्वजनिक नेटवर्क में एक पृथक सुरंग प्रदान करता है जैसे कि कंप्यूटिंग डिवाइस सीधे निजी नेटवर्क से जुड़े थे।

ए] <u>विजुअलप्राइवेटनेटवर्क</u>

बी] वर्चुअल प्रोटोकॉल नेटवर्क

सी] वर्चुअल प्रोटोकॉल नेटवर्किंग

डी] वर्चुअल प्राइवेट नेटवर्क

Q. 50 वीपीएन सिस्टम को वर्गीकृत करने के लिए कौन से कथन सही नहीं हैं?

ए] यातायात सुरंग बनाने के लिए प्रयुक्त प्रोटोकॉल

बी] क्या वीपीएन साइट-टू-साइट या रिमोट एक्सेस कनेक्शन प्रदान कर रहे हैं

सी] <u>बॉट्सऔरमालवेयरसेनेटवर्ककोसुरक्षितकरना</u>

डी] निजी तौर पर डेटा भेजने और प्राप्त करने के लिए प्रदान की गई सुरक्षा के स्तर

औद्योगिक प्रशिक्षण संस्थान

मासिक टेस्ट-1, अंक- 20, दिनांक:- __________________

(प्रत्येक प्रश्न दो अंक का होता है)

1] एबीसी का मतलब --------------

ए] स्वचालित श्वास नियंत्रण

बी] स्वचालित रक्त नियंत्रण

सी] वायुमार्ग श्वास परिसंचरण

डी] स्वचालित रक्त परिसंचरण

3] "क्लास बी" की आग को बुझाने के लिए किस प्रकार के अग्निशामक यंत्र का उपयोग किया जाता है ....

ए] शुष्क शक्ति

बी] कार्बन डाइऑक्साइड

सी] पानी की जेट

डी] फोम प्रकार

4] सामान्य आग को बुझाने के लिए किस प्रकार के अग्निशामक यंत्र का उपयोग किया जाता है?

ए] जल प्रकार बुझाने वाला

बी] फोम प्रकार बुझाने वाला

सी] शुष्क रासायनिक पाउडर एक्सटिंगुइशर

डी] कार्बन डाइऑक्साइड (CO_2] बुझाने वाला)

5] रक्तस्राव के मामले में, उपचार करें .

डी] ठंडा 3" और आराम

ए] ठंडे पानी का छिड़काव करें

बी] तुरंत पट्टी -----।

बी] दुर्घटना विचार उपचार के बारे में पूछताछ

6] दुर्घटना की स्थिति में पीड़ित को

ए] आराम करने के लिए कहा

सी] तुरंत भाग लिया

डी] उसे छोड़ दो

7] प्राथमिक उपचार किसी घायल या बीमार व्यक्ति को प्राथमिक रूप से दिया जाता है....

ए] जीवन बचाओ

बी] मफ की और गिरावट को रोकें

सी] सर्वोत्तम संभव आराम दें

डी] ये सभी

प्रश्न 1. निम्नलिखित में से कौन स्मृति की सबसे बड़ी इकाई है?

ए] गीगाबाइट्स।

बी] बाइट्स।

सी] मेगाबाइट्स।

डी] किलोबाइट्स।

प्रश्न 2. सॉफ्टवेयर का प्राथमिक उद्देश्य डेटा को चालू करना है।

एक वेबसाइट।

बी] सूचना।

सी] कार्यक्रम।

डी] ऑब्जेक्ट्स।

प्रश्न 3. जीयूआई के लिए खड़ा है

ए] ग्राफिकल यूजर इंटरफेस।

बी] ग्रेटर यूजर इंटरफेस।

सी] ग्राफिकल यूनियन इंटरफेस।

डी] ग्राफिकल यूजर इंटरेस्ट।

प्रश्न 4. की-बोर्ड की जिन पर तीर होता है, कहलाती है -

ए] फ़ंक्शन कुंजियाँ।

बी] नेविगेशन कुंजी।

सी] टाइपराइटर कुंजी।

डी] विशेष प्रयोजन कुंजी।

औद्योगिक प्रशिक्षण संस्थान

मासिक टेस्ट -2, अंक- 20, तिथि:- _______________

(प्रत्येक प्रश्न दो अंक का होता है)

प्रश्न 12. .... का उपयोग बड़े और जटिल टेक्स्ट दस्तावेज़ बनाने और प्रारूपित करने के लिए किया जा सकता है।

कैलकुलेटर"

बी] "वर्डपैड"

सी] "नोटपैड"

डी] "टेक्स्ट पैड"

प्रश्न 14. एक फोल्डर सिस्टम को "................" भी कहा जाता है।

ए] "दिशा प्रणाली"

बी] "निर्देशिका प्रणाली"

सी] "निर्देशिका सूची"

डी] "फोल्डर बुक"

प्रश्न 17. A............ एक कंटेनर की तरह है जिसमें आप फाइलों को स्टोर कर सकते हैं।

ए] "आइकन"

बी] "दस्तावेज़"

सी] "फ़ोल्डर"

डी] "शीट"

प्रश्न 18. ऑपरेटिंग सिस्टम का काम है .... से

ए] कई उपयोगी कमांड आसानी से निष्पादित करें।

बी] एक परिभाषित एप्लिकेशन प्रोग्राम इंटरफ़ेस के माध्यम से सेवा के लिए अनुरोध करने के लिए।

सी] कंप्यूटर को सबसे मौलिक स्तर पर नियंत्रित करने के लिए।

डी] इनमें से कोई नहीं।

प्र.19. विंडोज़ इंटरफ़ेस .... पर आधारित है।

ए] "ग्राफिकल यूजर इंटरफेस" या जीयूआई

बी] एप्लीकेशन प्रोग्राम इंटरफेस या] एपीआई।

सी] "क्लिपबोर्ड"

डी] इनमें से कोई नहीं

प्रश्न 23. नोटपैड का उपयोग करके बनाई गई फ़ाइल को एक्सटेंशन के साथ संग्रहीत किया जाता है ....

ए] ".txt"

बी] ".docx"

सी] ".पीएनजी"

डी] ".जेपीजी"

प्र.25. जब आपका कंप्यूटर बूट हो जाता है और उपयोग के लिए तैयार हो जाता है, तो जो स्क्रीन आप देखते हैं उसे ....

ए] "टेबल टॉप"

बी] "डेस्कटॉप"

सी] "लैपटॉप"

डी] इनमें से कोई नहीं

प्रश्न 27. .... को स्पाई वेयर को रोकने और हटाने के लिए डिज़ाइन किया गया है।

ए] उपयोगकर्ता खाता नियंत्रण

बी] विंडोज फ़ायरवॉल

सी] विंडोज डिफेंडर

डी] माता-पिता का नियंत्रण

प्रश्न 29. "विंडोज एयरो" क्या है

ए] यह विंडोज एक्सपी के लिए ग्राफिकल यूजर इंटरफेस है।

बी] यह विंडोज विस्टा के लिए ग्राफिकल यूजर इंटरफेस है।

सी] आवेदन कार्यक्रम

डी] इनमें से कोई नहीं

प्रश्न 30. कंप्यूटर का मूल प्रोग्राम कौन सा है?

ए] ऑपरेटिंग सिस्टम

बी] सॉफ्टवेयर प्रोग्राम

सी] आवेदन कार्यक्रम

डी] इनमें से कोई नहीं

औद्योगिक प्रशिक्षण संस्थान

मासिक टेस्ट-3, अंक- 20, दिनांक:- ________________

(प्रत्येक प्रश्न दो अंक का होता है)

प्रश्न 34. दस्तावेज़ में प्रस्तुत सामग्री की उपस्थिति को बढ़ाने के लिए .... मेनू का उपयोग किया जाता है।

ए] "इन्सर्ट"

बी] "संपादित करें"

सी] "प्रारूप"

डी] "फाइल"

प्रश्न 36. "............." आपके कंप्यूटर को दुर्भावनापूर्ण सॉफ़्टवेयर से बचाने में मदद करता है।

ए] "विंडोज फ़ायरवॉल"

बी] "विंडोज डिफेंडर"

सी] "स्पाई वेयर"

डी] इनमें से।

प्रश्न 37. .... एक मूल पाठ संपादन प्रोग्राम है और इसका उपयोग आमतौर पर पाठ फ़ाइलों को देखने या संपादित करने के लिए किया जाता है।

कैलकुलेटर"

बी] "नोटपैड"

सी] "पता पुस्तिका"

डी] "पेंट"

प्रश्न 38. विंडोज़ ऑपरेटिंग सिस्टम में स्क्रीन सेवर

A] आपके कंप्यूटर को कई प्रकार के दुर्भावनापूर्ण सॉफ़्टवेयर से बचाने में मदद करता है।

बी] एक लंबा, लंबवत बार है जो आपके डेस्कटॉप के किनारे प्रदर्शित होता है।

सी] एक ऐसा प्रोग्राम है जो एक निश्चित अवधि के लिए इनपुट प्राप्त होने के बाद कंप्यूटर पर छवि, एनीमेशन, या सिर्फ एक खाली स्क्रीन पर प्रदर्शित होता है।

डी] इनमें से कोई नहीं।

प्र.40. विंडोज विस्टा में .... के प्रोग्राम वहीं रहते हैं और उन्हें शुरू करने के लिए क्लिक करने के लिए हमेशा उपलब्ध होते हैं।

ए] "सबसे अधिक बार उपयोग किए जाने वाले कार्यक्रमों की सूची।

बी] "पिन किए गए आइटम सूची"

सी] "दस्तावेज़"

डी] "कंट्रोल पैनल"

प्रश्न 41. विंडोज विस्टा में .... एक बिजली की बचत करने वाला राज्य है।

ए] लॉग ऑफ

बी] नींद

सी] पुनरारंभ करें

डी] लॉक

प्रश्न 42. AERO .... का संक्षिप्त रूप है।

ए] प्रामाणिक, ऊर्जावान, चिंतनशील और खुला।

बी] आवश्यक, चिंतनशील और खुला।

सी] अंकगणित, आवश्यक, प्रतिबिंबित और वस्तु।

डी] प्रामाणिक, आवश्यक, चिंतनशील और खुला।

प्रश्न 43. स्क्रीन के निचले भाग में, आप एक लंबी, पतली पट्टी देख सकते हैं, जिसे .... कहा जाता है।

ए] "टास्क बार"

बी] "टाइटल बार"

सी] "मेनू बार"

डी] "स्पेसबार"

प्रश्न 44. विंडोज विस्टा में एक "क्लिपबोर्ड" ....

ए] एक आवेदन कार्यक्रम

बी] जानकारी के लिए एक अस्थायी भंडारण क्षेत्र जिसे आपने एक स्थान से कॉपी या स्थानांतरित किया है और कहीं और उपयोग करने की योजना है।

सी] एक ऑपरेटिंग सिस्टम।

डी] इनमें से कोई नहीं।

प्रश्न 45. .... एक मूल पाठ संपादन प्रोग्राम है और इसका उपयोग आमतौर पर पाठ फ़ाइलों को देखने या संपादित करने के लिए किया जाता है।

कैलकुलेटर"

बी] "नोटपैड"

सी] "पता पुस्तिका"

डी] "पेंट"

औद्योगिक प्रशिक्षण संस्थान

मासिक टेस्ट -4, अंक- 20, दिनांक:- _______________

(प्रत्येक प्रश्न दो अंक का होता है)

प्रश्न 46. ...., एक ड्राइंग प्रोग्राम है जिसका उपयोग संशोधित ग्राफिक छवियों को बनाने के लिए किया जा सकता है।

एक ब्रश"

बी] "पेंट"

सी] "नोटपैड"

डी] "वर्डपैड"

प्रश्न 5. निम्नलिखित सभी रिबन टैब Word 2007 में प्रदर्शित होते हैं, सिवाय इसके कि

घर

बी] सम्मिलित करें

सी] उपकरण

डी] पेज लेआउट

प्र.9. वर्ड में फाइल को .... कहते हैं।

टेम्पलेट"

बी] "फॉर्म"

सी] "डेटाबेस"

डी] "दस्तावेज़"

प्रश्न 13. A........ एक दस्तावेज़ के एक भाग से संबंधित जानकारी के लिए उसी दूसरे भाग में एक संदर्भ है।

ए] हाइपरलिंक

बी] क्रॉस-रेफरेंस

सी] दस्तावेज़

डी] लिंकेज

प्रश्न 14. इंडेंटेशन के लिए आप अपने टेक्स्ट को इंडेंट करने के लिए "............" टैब पर "पैराग्राफ" समूह में "इंडेंट घटाएं" और "इंडेंट बढ़ाएं" आइकन का उपयोग कर सकते हैं।

ए] सम्मिलित करें

बी] होम

सी] पेज लेआउट

डी] डेटा

प्रश्न 16. "............" पर्यायवाची शब्दों का एक शब्दकोष है जिसका उपयोग आप ऐसे शब्दों को खोजने के लिए कर सकते हैं जो किसी शब्द के पर्यायवाची हैं।

ए] अनुवाद

बी] वर्तनी

सी] थिसॉरस

डी] अनुसंधान

प्रश्न 17. A "..............." उन विषयों की एक सूची है जो किसी दस्तावेज़ में उनके संबद्ध पृष्ठ संदर्भों के साथ दिखाई देते हैं।

ए] सूचकांक

बी] टेबल

सी] क्लिपबोर्ड

डी] सामग्री की तालिका

प्र.19. A "............" वर्तमान दस्तावेज़ में किसी स्थान का किसी अन्य दस्तावेज़ या वेब साइट से कनेक्शन है।

एक लिंक

बी] हाइपरलिंक

सी] हाइपोलिंक

डी] लिंकेज

प्रश्न 26. एक "................" एक पूर्व-डिज़ाइन किया गया दस्तावेज़ है जो सामान्य प्रयोजन के दस्तावेज़ जैसे फ़ैक्स, चालान या व्यावसायिक पत्र बनाने के लिए उपयोगी है।

टेम्पलेट

बी] फ़ाइल

सी] फॉर्म

डी] डेटाबेस

प्रश्न 28. A "............" का उपयोग जानकारी को क्षैतिज पंक्तियों और लंबवत स्तंभों के आसानी से पढ़े जाने वाले प्रारूप में व्यवस्थित करने के लिए किया जाता है।

एक कोशिका

बी] शीट

सी] बॉक्स

डी] टेबल

औद्योगिक प्रशिक्षण संस्थान

मासिक टेस्ट -5, अंक- 20, तिथि:- ________________

(प्रत्येक प्रश्न दो अंक का होता है)

प्रश्न 29. बाईं ओर अलग-अलग वर्ण को हटाने के लिए आप "............" दबा सकते हैं।

ए] हटाएं

बी] बैकस्पेस

केंद्र

डी] स्पेसबार

प्रश्न 30. जब आप "होम" टैब पर "प्रारूप प्रिंटर" आइकन पर क्लिक करते हैं, तो आप देख सकते हैं कि आपका माउस पॉइंटर "............" आइकन में बदल जाता है।

एक तूलिका

बी] आई-बीम

सी] तीर

डी] 4-रास्ता तीर

प्रश्न 33। जब आप अपने माउस को एक बटन पर ले जाते हैं, तो एक .... प्रदर्शित होता है। यह एक विस्तृत विवरण प्रदान करता है कि बटन क्या करता है।

ए] सुपर-टूलटिप

बी] उप-टूलटिप

सी] जानकारी

डी] की-टिप

प्रश्न 35. ...... आवेदन पत्र, ब्रोशर, फैक्स और यहां तक कि पेशेवर मैनुअल से व्यक्तिगत पत्र जैसे विभिन्न प्रकार के लिखित दस्तावेज बनाने में आपकी मदद करते हैं।

ए] वर्ड प्रोसेसर

बी] वर्ड पैड

सी] नोट पैड

डी] इनमें से कोई नहीं

प्र.40. दस्तावेज़ को स्वचालित रूप से सही करने के लिए, हम उपयोग करते हैं

ए] स्वतः सही सुविधा

बी] ऑटो पूर्ण सुविधा

सी] स्वरूपण

डी] बिल्डिंग ब्लॉक्स

प्रश्न 41. समाचार पत्र के कॉलम के लिए एक "............" एक सामान्य अनुप्रयोग है।

ए] समाचार पढ़ना

बी] समाचार पत्र

सी] समाचार

डी] समाचार संपादक

प्रश्न 47. किसी दस्तावेज़ में एक निश्चित स्थान को चिह्नित करने के लिए "............" का उपयोग किया जाता है।

ए] सूचकांक

बी] हाइपरलिंक

सी] बुकमार्क

डी] टेबल

प्रश्न 50. पदानुक्रम में किसी आइटम के स्तर को बदलते समय आप इंडेंट का उपयोग करके बढ़ा सकते हैं

एक टैब"

बी] "बैकस्पेस"

सी] "हटाएं"

डी] "स्पेसबार"

प्रश्न 51. फुटनोट्स या एंडनोट्स का उपयोग कुछ निश्चित "........................" प्रदान करने के लिए किया जाता है।

ए] संदर्भ

बी] सूचना

सी] अंक

डी] सूचियां

प्रश्न 1. सूत्र पट्टी में, एक आसन्न श्रेणी को एक द्वारा अलग किए गए प्रारंभिक और संपादन सेल पते देकर निर्दिष्ट किया जाता है

ए] अर्धविराम

बी] अल्पविराम

सी] पूर्ण विराम

डी] कोलन

औद्योगिक प्रशिक्षण संस्थान

मासिक टेस्ट -6, अंक- 20, तिथि:- _______________

(प्रत्येक प्रश्न दो अंक का होता है)

प्रश्न 3. ए .... डेटा का एक दृश्य प्रतिनिधित्व है और जानकारी को समझने में आसान और आकर्षक तरीके से बताता है।

एक चार्ट

बी] टेबल

सी] चित्र

डी] ग्राफिक

प्रश्न 4. फार्मुलों में, एक गैर-आसन्न श्रेणी को एक .... द्वारा अलग किए गए सेल पते देकर निर्दिष्ट किया जाता है।

ए] अर्धविराम

बी] अल्पविराम

सी] पूर्ण विराम

डी] कोलन

प्र.20. ए "..........." एक पूर्व लिखित सूत्र है जो स्वचालित रूप से गणना करता है।

एक समारोह"

बी] "समीकरण"

सी] "टेम्पलेट"

डी] "प्रतिक्रिया"

प्रश्न 21. एमएस एक्सेल 2007 का उपयोग विभिन्न प्रकार के .... के लिए किया जाता है जो सरल से जटिल तक भिन्न होते हैं।

ए] गणना

बी] जोड़तोड़

सी] प्रस्तुतियाँ

डी] भाव

प्र.25. पदानुक्रम में किसी आइटम के स्तर को बदलते समय आप इंडेंट का उपयोग करके बढ़ा सकते हैं।

एक टैब"

बी] "बैकस्पेस"

सी] "हटाएं"

डी] "स्पेसबार"

प्रश्न 27. बाईं ओर अलग-अलग वर्ण निकालने के लिए आप "............." दबा सकते हैं।

ए] हटाएं

बी] बैकस्पेस

केंद्र

डी] स्पेसबार

प्रश्न 29. एक पंक्ति और एक स्तंभ के प्रतिच्छेदन को "..............." कहा जाता है।

मेज़

बी] सेल

सी] डेटा

डी] शीट

प्रश्न 30. A............. एक फाइल है जो एप्लिकेशन द्वारा "रेडी टू यूज" फॉर्मेट में उपलब्ध कराई जाती है।

एक पन्ना

बी] टेम्पलेट

सी] बुक

डी] रिपोर्ट

प्रश्न 31. A............ डेटा का एक दृश्य प्रतिनिधित्व है और जानकारी को समझने में आसान और आकर्षक तरीके से बताता है।

एक चार्ट

बी] टेबल

सी] चित्र

डी] ग्राफिक

प्रश्न 35. "..........." अलग-अलग डिज़ाइन हैं जिन्हें दस्तावेज़ के विभिन्न भागों पर लागू किया जा सकता है।

ए] "ग्राफिक्स"

बी] "शैलियाँ"

सी] "चित्र"

डी] "थीम्स"

औद्योगिक प्रशिक्षण संस्थान

मासिक टेस्ट-7, अंक- 20, दिनांक:- ___________________

(प्रत्येक प्रश्न दो अंक का होता है)

प्रश्न 36. "..........." में फाइल को खोलने, सेव करने, प्रिंट करने और बंद करने के लिए कमांड होते हैं।

ए] "देखें" टैब

बी] "कार्यालय बटन"

सी] "इन्सर्ट" टैब

डी] "समीक्षा" टैब

प्रश्न 39. पृष्ठ के शीर्ष मार्जिन में दिखाई देने वाले पाठ को .... कहा जाता है।

ए] फूटर

बी] कॉलम

सी] हैडर

डी] पैराग्राफ

प्रश्न 42. स्वत: सापेक्ष सेल संदर्भों को रोकने के लिए, यानी सेल संदर्भ को पूर्ण बनाने के लिए, कॉलम और पंक्ति संख्या से पहले एक .... वर्ण टाइप करें।

ए] # हैश।

बी] $ डॉलर।

सी]% प्रतिशत।

डी] * तारा।

प्रश्न 5. "............" उपयोग के लिए तैयार चित्र को संदर्भित करता है।

ए] "वर्डआर्ट"

बी] "क्लिपआर्ट"

सी] "स्मार्टआर्ट"

डी] "ऑटोशेप"

प्रश्न 8. "............" टैब में ऐसे टूल होते हैं जो यह नियंत्रित करते हैं कि स्लाइड शो को कैसे प्रस्तुत किया जाए।

डिजाइन"

बी] "स्लाइड शो"

सी] "समीक्षा"

डी] "देखें"

प्र.10. .... जो आइकन प्रदर्शित करता है जो आमतौर पर उपयोग किए जाने वाले कमांड जैसे सेव, पूर्ववत और फिर से प्रदर्शित करता है।

ए] होम बटन

बी] रिबन

सी] क्विक एक्सेस टूल बार

डी] कार्यालय बटन

प्रश्न 11. A "............" वर्तमान दस्तावेज़ में किसी स्थान, किसी अन्य दस्तावेज़ या वेबसाइट से एक कनेक्शन है।

ए] हाईलिंक

बी] हिपोलिंक

सी] लिंकेज

डी] हाइपरलिंक

प्रश्न 12. कंप्यूटर पर स्लाइड शो बनाने के लिए .... का उपयोग किया जाता है

ए] प्रस्तुति ग्राफिक्स

बी] विश्लेषणात्मक विकास कार्यक्रम

सी] सुपर स्लाइड पैकेज

डी] स्लाइड मेकर टूल्स

प्र.15. ग्राफिक प्रेजेंटेशन में प्रोग्राम प्रत्येक प्रेजेंटेशन को .... में बांटा गया है।

ए] चार्ट

बी] स्लाइड

सी] टेबल

डी] चित्र

प्र.19. एक "............" एक पूर्व-डिज़ाइन की गई प्रस्तुति है जिसे सामान्य उद्देश्य जैसे कि फोटो एल्बम या क्विज़ शो के लिए डिज़ाइन किया गया है।

एक चार्ट"

बी] "टेबल"

सी] "स्लाइड"

डी] "टेम्पलेट"

औद्योगिक प्रशिक्षण संस्थान

मासिक टेस्ट -8, अंक- 20, तिथि:- _______________

(प्रत्येक प्रश्न दो अंक का होता है)

प्रश्न 43. एक प्राथमिक कुंजी होनी चाहिए

ए] अद्वितीय लेकिन परमिट शून्य।

बी] अद्वितीय और शून्य नहीं।

सी] गैर-अद्वितीय और शून्य नहीं।

डी] गैर-अद्वितीय और परमिट शून्य।

प्रश्न 44. निम्नलिखित में से कौन से कार्य DBA द्वारा निष्पादित किए जाते हैं?

ए] डेटाबेस डिजाइन।

बी] सिस्टम सुरक्षा।

सी] बैकअप और रिकवरी।

D। उपरोक्त सभी।

प्रश्न 45. "............" एक संबंध डेटाबेस प्रबंधन अनुप्रयोग है जिसका उपयोग डेटाबेस बनाने और विश्लेषण करने के लिए किया जाता है।

ए] वर्ड 2007।

बी] एक्सेस 2007।

सी] सिस्टम सुरक्षा।

डी] पावरपॉइंट 2007।

प्रश्न 47. ए "............" आपकी तालिका में एक फ़ील्ड या फ़ील्ड का सेट है जो प्रत्येक रिकॉर्ड के लिए एक अद्वितीय पहचानकर्ता के साथ एक्सेस प्रदान करता है।

ए] पासवर्ड।

बी] विशेष कोड।

सी] प्राथमिक कुंजी।

डी] अद्वितीय कोड।

प्रश्न 51. डेटाबेस को परिभाषित करने का पहला चरण क्या है।

ए] डेटाबेस डिजाइन करना।

बी] डेटा का संग्रह।

सी] अपने डेटाबेस की योजना बनाना।

डी] अपने डेटा को डिजिटाइज़ करना।

प्रश्न 54. डीबीएमएस का अर्थ है ....

ए] डेटाबेस प्रबंधन प्रणाली।

बी] डोमेन प्रबंधन प्रणाली।

सी] डोमेन प्रबंधन सर्वर।

डी] डोमेन प्रबंधन शैली।

प्र.58 आप टेक्स्ट फील्ड में अधिकतम विशेषता दर्ज कर सकते हैं।

ए] 375

बी] 125

सी] 235

डी] 255

प्रश्न 1. नेटस्केप नेविगेटर एक प्रकार का ....

ए] उपयोगिता कार्यक्रम।

बी] ऑपरेटिंग सिस्टम।

सी] ब्राउज़र।

डी] वेब संलेखन कार्यक्रम।

प्रश्न 2. जब आप "http://www.mkcl.org" जैसा पता टाइप करते हैं, तो इसमें .org इंगित करता है।

ए] मूल वेब साइट।

बी] वाणिज्यिक वेब साइट।

सी] संगठनात्मक वेब साइट।

डी] शैक्षिक वेब साइट।

प्रश्न 3. आप .... और .... का उपयोग करके किसी विशिष्ट विषय के लिए वर्ल्ड वाइड वेब पर खोज कर सकते हैं।

ए] गोफर, फिडो।

बी] स्कैनर, सर्च इंजन।

सी] सर्च इंजन, इंडेक्स।

डी] ब्राउज़र्स, लार्कर्स।

औद्योगिक प्रशिक्षण संस्थान

मासिक टेस्ट-9, अंक- 20, दिनांक:- ______________

(प्रत्येक प्रश्न दो अंक का होता है)

प्र.9. पूरी दुनिया में कई कंप्यूटरों को जोड़ने वाला नेटवर्क है?

ए] इंट्रानेट।

बी] इंटरनेट।

सी] अर्पानेट।

डी] नेटवर्क।

प्र.10. निम्न में से कौन एक ब्राउज़र है।

एक वेबसाइट।

बी] माइक्रोसॉफ्ट।

सी] इंटरनेट एक्सप्लोरर।

डी] www.

प्रश्न 11. DNS शब्द का अर्थ है।

ए] डेटा नामकरण प्रणाली।

बी] डू नेम सिस्टम।

सी] डोमेन नाम प्रणाली।

डी] डुप्लीकेट नाम प्रणाली।

प्रश्न 12. प्रत्येक उपयोगकर्ता के लिए इंटरनेट ई-मेल पता .... है।

अनोखा।

बी] वही।

सी] आम।

डी] इनमें से कोई नहीं।

प्रश्न 13. किसी भी वेबसाइट को नेविगेट करने के लिए, उपयोगकर्ता को दर्ज करना होगा

ए] यूआरएल।

बी] www.

सी] पीपीपी।

डी] इनमें से कोई नहीं।

प्रश्न 14. ई-कॉमर्स का फुल फॉर्म क्या है?

ए] अंग्रेजी वाणिज्य।

बी] इलेक्ट्रॉनिक वाणिज्य।

सी] इलेक्ट्रिक कॉमर्स।

डी] तत्व वाणिज्य।

प्र.15. किसी ऐसे व्यक्ति को ई-मेल भेजने के लिए जिसकी आपको आवश्यकता है

....

ए] निवासी पता।

बी] इंटरनेट कनेक्टिविटी।

सी] फैक्स पता।

डी] इनमें से कोई नहीं।

प्रश्न 16. वेब पेज देखने के लिए .... का उपयोग किया जाता है।

ए] इनबॉक्स।

बी] रीसायकल बिन।

सी] इंटरनेट एक्सप्लोरर।

डी] नेटवर्क पड़ोस।

प्रश्न 17. यूआरएल का फुल फॉर्म

ए] यूनिवर्सल रिसोर्स लोकेटर।

बी] यूनिफ़ॉर्म रिसोर्स लोकेटर।

सी] यूनी रिसोर्स लोकेटर।

डी] इनमें से कोई नहीं।

प्र.19. निम्न में से कौन एक सर्च इंजन है।

ए] गूगल।

बी] अल्टा विस्टा।

सी] याहू।

डी] ये सभी।

औद्योगिक प्रशिक्षण संस्थान
मासिक टेस्ट-10, अंक- 20, दिनांक:- ____________________
(प्रत्येक प्रश्न दो अंक का होता है)

2] <b> टैग संलग्न टेक्स्ट को बोल्ड बनाता है] टेक्स्ट को बोल्ड बनाने के लिए अन्य टैग क्या है?

ए] <मजबूत>

बी] <डार>

ग] <काला>

घ] <एम्प>

3] टैग और परीक्षण जो सीधे पृष्ठ पर प्रदर्शित नहीं होते हैं, ______ अनुभाग में लिखे जाते हैं]

ए] <एचटीएमएल>

बी] <सिर>

ग] <शीर्षक>

घ] <शरीर>

4] कौन सा टैग आपके वेब पेज पर क्षैतिज रूप से एक लाइन डालता है?

ए] <घंटा>

बी] <लाइन>

ग] <लाइन दिशा = "क्षैतिज">

घ] <tr>

5] किसी भी HTML दस्तावेज़ में पहला टैग क्या होना चाहिए?

ए] <सिर>

बी] <शीर्षक>

ग] <एचटीएमएल>

घ] <दस्तावेज़>

6] कौन सा टैग आपको टेबल में एक पंक्ति जोड़ने की अनुमति देता है?

ए] <td> और </td>

बी] <सीआर> और </सीआर>

ग] <वें> और </वें>

घ] <tr> और </tr>

7] आप बुलेटेड सूची कैसे बना सकते हैं?

ए] <सूची>

बी] <एनएल>

ग] <उल>

घ] <ol>

8] आप एक क्रमांकित सूची कैसे बना सकते हैं?

ए] <डीएल>

बी] <ol>

ग] <सूची>

घ] <उल>

9] आप ई-मेल लिंक कैसे बना सकते हैं?

ए] <a href="xxx@yyy">

बी] <मेल href="xxx@yyy">

ग] <मेल>xxx@yyy</मेल>

घ] <a href="mailto:xxx@yyy">

10] हाइपरलिंक बनाने के लिए सही HTML क्या है?

a] <a href="http:// mcqsets]com">आईसीटी रुझान प्रश्नोतरी</a>

b] <a name="http://mcqsets]com">आईसीटी रुझान प्रश्नोतरी</a>

ग] <http://mcqsets]com</a>

d] url="http://mcqsets]com">आईसीटी रुझान प्रश्नोतरी

11] टेक्स्ट को इटैलिक बनाने के लिए सही HTML टैग चुनें

ए] <ii>

बी] <इटैलिक>

ग] <इटैलिक>

घ] <i>

औद्योगिक प्रशिक्षण संस्थान

मासिक टेस्ट-11, अंक- 20, दिनांक:- ___________________

(प्रत्येक प्रश्न दो अंक का होता है)

1] जावास्क्रिप्ट और जावा का नाम समान क्यों है?

ए] जावास्क्रिप्ट जावा का एक स्ट्रिप्ड-डाउन संस्करण है

बी] जावास्क्रिप्ट का सिंटैक्स शिथिल रूप से जावा पर आधारित है

C] वे दोनों जावा द्वीप पर उत्पन्न हुए

डी] उपरोक्त में से कोई नहीं

2] जब कोई उपयोगकर्ता जावास्क्रिप्ट प्रोग्राम वाले पेज को देखता है, तो वास्तव में कौन सी मशीन स्क्रिप्ट को निष्पादित करती है?

ए] उपयोगकर्ता की मशीन एक वेब ब्राउज़र चला रही है

बी] वेब सर्वर

सी] नेटस्केप के कॉर्पोरेट कार्यालयों के भीतर एक केंद्रीय मशीन

डी] उपरोक्त में से कोई नहीं

3] _______ जावास्क्रिप्ट को क्लाइंट-साइड जावास्क्रिप्ट भी कहा जाता है]

ए] माइक्रोसॉफ्ट

बी] नेविगेटर

सी] लाइववायर

डी] मूल निवासी

4] __________ जावास्क्रिप्ट को सर्वर-साइड जावास्क्रिप्ट भी कहा जाता है]

ए] माइक्रोसॉफ्ट

बी] नेविगेटर

सी] लाइववायर

डी] मूल निवासी

5] जावास्क्रिप्ट प्रोग्राम में वेरिएबल का उपयोग किस लिए किया जाता है?

ए] संख्याओं, तिथियों, या अन्य मूल्यों को संग्रहित करना

बी] बेतरतीब ढंग से बदल रहा है

सी] हाई स्कूल बीजगणित फ्लैशबैक के कारण

डी] उपरोक्त में से कोई नहीं

6] ______ HTML पेज में एम्बेडेड जावास्क्रिप्ट स्टेटमेंट उपयोगकर्ता की घटनाओं जैसे माउस-क्लिक, फॉर्म इनपुट और पेज नेविगेशन का जवाब दे सकता है]

ए] क्लाइंट-साइड

बी] सर्वर-साइड

सी] स्थानीय

डी] मूल निवासी

7] आपके जावास्क्रिप्ट के बिल्कुल अंत में क्या दिखना चाहिए?
<script LANGUAGE="JavaScript">tag

ए] </script>

बी] <स्क्रिप्ट>

सी] अंत कथन

डी] उपरोक्त में से कोई नहीं

8] क्लाइंट-साइड जावास्क्रिप्ट के साथ निम्न में से क्या नहीं किया जा सकता है?

ए] एक फॉर्म को मान्य करना

बी] ईमेल द्वारा फॉर्म की सामग्री भेजना

सी] सर्वर पर डेटाबेस फ़ाइल में फॉर्म की सामग्री को संग्रहीत करना

डी] उपरोक्त में से कोई नहीं

9] निम्नलिखित में से कौन जावास्क्रिप्ट में फ़ंक्शन की क्षमताएं हैं?

ए] एक मान लौटाएं

बी] पैरामीटर स्वीकार करें और एक मान वापस करें

सी] पैरामीटर स्वीकार करें

डी] उपरोक्त में से कोई नहीं

10] निम्नलिखित में से कौन वैध जावास्क्रिप्ट चर नाम नहीं है?

ए] 2नाम

बी] _प्रथम_और_अंतिम_नाम

सी] फर्स्ट एंड लास्ट

डी] उपरोक्त में से कोई नहीं

औद्योगिक प्रशिक्षण संस्थान

मासिक टेस्ट-12, अंक- 20, दिनांक:- ___________________

(प्रत्येक प्रश्न दो अंक का होता है)

Q. 1 _______ मूल्यवान जानकारी को अनधिकृत पहुंच, रिकॉर्डिंग, प्रकटीकरण या विनाश से बचाने के लिए अपनाई जाने वाली प्रथा और सावधानियां हैं।

ए] नेटवर्क सुरक्षा

बी] डेटाबेस सुरक्षा

सी] सूचना सुरक्षा

डी] शारीरिक सुरक्षा

Q. 2 _______ प्लेटफॉर्म का उपयोग क्लाउड में सूचना की सुरक्षा और सुरक्षा के लिए किया जाता है।

ए] क्लाउड वर्कलोड प्रोटेक्शन प्लेटफॉर्म

बी] क्लाउड सुरक्षा प्रोटोकॉल

सी] एडब्ल्यूएस

डी] वन ड्राइव

प्र. 3 गोपनीय जानकारी से समझौता करना _______ के अंतर्गत आता है।

एक दोष

बी] धमकी

सी] भेद्यता

डी] हमला

Q. 4 किसी सिस्टम या नेटवर्क को नुकसान पहुंचाने, नुकसान पहुंचाने या खतरा पैदा करने के प्रयास को मोटे तौर पर _______ कहा जाता है

ए] साइबर अपराध

बी] साइबर अटैक

सी] सिस्टम अपहरण

डी] डिजिटल अपराध

Q. 5 CIA ट्रायड को अक्सर निम्नलिखित में से किसके द्वारा दर्शाया जाता है?

एक त्रिभुज

बी] विकर्ण

सी] अंडाकार

डी] सर्कल

Q. 6 सूचना सुरक्षा से संबंधित, गोपनीयता निम्नलिखित में से किसके विपरीत है?

ए] क्लोजर

बी] प्रकटीकरण

सी] आपदा

डी] निपटान

Q. 8 __________ का अर्थ अज्ञात उपयोगकर्ताओं द्वारा संशोधन से डेटा की सुरक्षा है।

ए] गोपनीयता

बी] वफ़ादारी

सी] प्रमाणीकरण

डी] गैर-अस्वीकृति

Q. 9 ________ सूचना का अर्थ है, केवल अधिकृत उपयोगकर्ता ही जानकारी तक पहुँचने में सक्षम हैं।

ए] गोपनीयता

बी] वफ़ादारी

सी] गैर-अस्वीकृति

डी] उपलब्धता

प्र. 10 यह सूचना के मूल और प्रामाणिक उपयोगकर्ता की पहचान करने में मदद करता है। इसे यहाँ __________ के रूप में संदर्भित किया गया है

ए] गोपनीयता

बी] वफ़ादारी

सी] प्रामाणिकता

डी] उपलब्धता

Q. 11 डेटा ___________ का उपयोग गोपनीयता सुनिश्चित करने के लिए किया जाता है।

ए] एन्क्रिप्शन

बी] लॉकिंग

सी] डिक्रिप्शन

डी] बैकअप